Andreas Sinakowski

# DAS VERHÖR

ISBN 3-86163-018-4

Berlin 1991
1. Auflage
Gestaltung: Sonja Hennersdorf
Umschlagfoto: Bernd Markowsky
Autorenfoto: Caroline Dlugos
Satz: BasisDruck
Druck: Hilberts & Pösger, Berlin
Bindung: Druckhaus Magazinstraße

Andreas
Sinakowski

# DAS VER H(e)OR

Mitarbeit
Frank Goyke

BASISDRUCK

# Vorwort

Nachdem im November 1989 jenes kahle Bauwerk gefallen war, das nach dem Willen seines Erbauers noch hundert Jahre stehen sollte, traf ich mich ein letztesmal mit jenem Mann, der acht Jahre lang stiller Teilhaber meines Lebens war. Die Zeit drängte, die konspirative Wohnung im Zentrum Rostocks war besetzt, und so fuhren wir mit dem Auto ein paar Kilometer vor die Stadt, das Übliche zu tun: Ich sprach meine Berichte aufs Band, beantwortete ein paar Fragen, schaute mir Fotos von Demonstranten an, die ich allesamt nicht kannte. Von einer verfehlten Sicherheitskonzeption war die Rede und davon, daß sich das Ministerium für Staatssicherheit, soeben umbenannt, nun seinen eigentlichen Aufgaben zu widmen gedenke, und davon, daß man auf meine Mitarbeit weiterhin baue und auf meinen nächsten Anruf warte. Als ich den Wagen verließ, war mir, als hätte es den vergangenen Monat nicht gegeben; kein Wort des Zweifels kam über die Lippen dieses Mannes, sondern einzig die unwandelbare Überzeugung, gebraucht zu werden bis zum Jüngsten Tag. Es war ein verzweifelter Selbstbetrug. Auf meinen nächsten Anruf hat er vergeblich gewartet. Bis er sein Dienstzimmer, das Kabinett eines Referatsleiters der Abteilung XX, räumen mußte. Ich war frei, befreit nicht aus eigener Kraft, sondern durch die Macht der Umstände. Ich war frei von diesem Mann und erleichtert, nicht befreit jedoch von den Erinnerungen an die Jahre, in denen jeder Besuch bei meiner Mutter mit einem geheimen Treffen verknüpft war, jeder unbeobachtete Moment an meinem Arbeitsplatz mit einem heimlichen Telefonat, jeder Besuch bei Freunden oder solchen Menschen, mit denen ich „Freundschaft" zu schließen hatte, mit einem Auftrag. Diese Erinnerungen sind ebensowenig auszulöschen wie das, was ich tat. Aber es erst einmal zu begreifen, indem ich mich selbst begreife und zu akzeptieren beginne: dieser Prozeß der Selbsterkenntnis, dieses allmählich Vordringen zu jenen Gefühlen, die ich nicht zuließ aus Furcht, mich der Lächerlichkeit preiszugeben, sind die Früchte des bewußten Erinnerns. Ich schäme mich meiner Schwächen nicht mehr. Denn befreit von dem Druck einer Bigotterie, die zu meiner eigenen wurde, sehe ich: es sind keine.

Ausgelöst, begleitet und vorangetrieben wurde jener Prozeß durch meine Gespräche mit Andreas Sinakowski; nicht zuletzt durch dieses Interview. Als einer der ersten erfuhr er durch mich von meiner Zusammenarbeit mit dem MfS, wenn auch nur in den gröbsten Zügen; nicht weil ich zu feige war, ihm mehr zu erzählen, sondern weil ich nicht mehr wußte – über mich.

Als er mich zum Ende des Jahres 1989 in der Redaktion „Temperamente" besuchte, hatten wir uns Jahre nicht gesehen, und doch begannen wir sogleich zu arbeiten. Autoren finden sich auf dieser Welt immer wieder, Autoren verlieren sich nicht aus den Augen, denn sie haben etwas, woran sie stets von neuem anknüpfen können, die Literatur. Wir machten ein Buch zusammen. Wir saßen im Café, schmiedeten gewaltige Pläne in die Wirklichkeit um und redeten weiter. Sprachen auch von der Staatssicherheit, sprachen von unseren Gefühlen, unseren Ängsten, unseren Lieben. Mir gingen die Augen auf: da hatte einer, der 1985 aus der Zusammenarbeit mit dem MfS ausgestiegen war, sich die Zeit genommen zum Nachdenken, die Zeit für Analyse und Selbstanalyse. Den wollte ich ausbeuten. Für mich. Für alle, denen es ergangen ist wie mir. Die Idee eines Interviews war geboren.

Ideen, Ideen hatten wir in der DDR alle einen Sack voll, und sie begannen so: Man müßte doch einmal, aber. Es wäre schön wenn, jedoch. Manches Aber, manches Jedoch hat sich in Luft aufgelöst; mit Freunden habe ich eine Zeitung gegründet und sie nach ein paar Ausgaben wieder eingehen sehen (in eine andere), für diese „andere" war unser erstes Interview bestimmt, dort erschien es in mehreren Nummern, und unversehens waren sie wieder da: die Aber, die Jedoch. Die Tabus, die totgeglaubten.

Der Mörder tut mir nicht einmal den Gefallen, der nette Mann von nebenan zu sein. Er sitzt in meinem eigenen Wohnzimmer. Er sitzt auf jenem Platz, den einzunehmen zu meinen unveräußerlichen Rechten gehört. Er trägt meine Kleider, trinkt mein Bier, benutzt meine Worte. Ich bin der Mörder. Ich bin's gewesen, nicht Adolf Hitler. Ich bin der nette Mann von nebenan. Aber die öffentliche Meinung schützt mich, die öffentliche Meinung gibt mir einen Katalog mit Begriffen in die

Hand, die ich mir in die Haut tätowiere, um sie zu retten: den Mörder nenne ich Bestie, den Mann, der nicht die eigenen, sondern fremde Kinder mißbraucht, heiße ich Monster. Damit habe ich nichts zu tun. Denn eine Bestie, ein Monster bin ich nicht.

In dem Interview für „die andere" hat Andreas Sinakowski nicht allein die Gewöhnlichkeit seiner Zusammenarbeit mit dem MfS herausgearbeitet, er hat zugleich auf Ursachen für sie verwiesen, die alles andere als sensationell sind: auf eine traumatische Kindheit, die in den sogenannten Kulturnationen eher zum Standard zählt denn zu den Ausnahmefällen. Keine Bestie gibt ihre monströsen Verbrechen zu Protokoll, ein Mensch spricht von seinen menschlichen Erfahrungen. Und sogleich setzten Proteste ein. Mancher Leserbrief sprach eine beredte Sprache; nicht rationale Erklärungen, nicht die Analyse der Ursachen, nicht die Beschreibung eines menschlichen Schicksals wurde erwartet, sondern Abrechnung, Zerknirschung, ein unablässiges Bekunden von Schuld. Der Dialog zwischen „Täter" und „Opfer" – als Gespräch jenseits von Anwürfen und Beschuldigungen – fand kaum statt, zu rasch hätte er wohl die künstlich aufgerichtete Trennwand zwischen beiden Begriffen durchlässig werden lassen. Daß Andreas Sinakowski das Gespräch mit seinen „Opfern", die wie er in den Westen ausreisen konnten, längst gesucht hat, wurde vielfach ebenso ignoriert wie die Tatsache, daß sein erster Kontakt zu einem MfS-Offizier die Reaktion auf eine antisemitische Hetzjagd war. Die Bestie ist voraussetzungslos böse. Das Böse ist ihre Natur, und die Natur läßt sich nicht korrigieren, man kann sie nur vernichten. Der Schrei nach Hinrichtung jedoch führt fort vom Bewußtwerden der eigenen Verstrickung in ein diktatorisches Gesellschaftssystem, das sich ohne Millionen Dulder und Helfer im kleinen niemals ein halbes Jahrhundert auf seinen schwachen Beinen hätte halten können. Das Interview wurde ein Skandal.

Diese Leserbriefe machten mir angst. Monatelang hatten wir an dem Interview für „die andere" gearbeitet, monatelang war ich nach meiner Arbeit in einem Ostberliner Verlag nach Schöneberg gefahren, um meine Fragen zu stellen und die Antworten zu protokollieren. Während dieser Arbeit wurde uns zunehmend bewußt, daß uns der enge Rahmen einer Zeitungsveröffentlichung zwang, vieles unausgesprochen zu lassen und dort bereits aufzuhören, wo das Gespräch, wo die Analyse eigentlich hätte weitergetrieben werden müssen. Aus diesem Empfinden eines Mangels heraus planten wir das Buch. Die Leserbriefe wirkten wie ein Faustschlag in die Leber. Ich befürchtete, Andreas Sinakowski könnte es ablehnen, an einem Buch zu arbeiten, das nicht mehr bewirkt als gefühllose und wutschnaubende Attacken. Ich las aus den Briefen vor, und eine lange Zeit schwiegen wir. Dann jedoch grinste er und holte eine Flasche Whisky.

Als wir mit der Niederschrift von „Das Verhör" anfingen, begann der Golfkrieg, als wir die letzte Seite in die Maschine spannten, endete er. Drei Dinge vor allem waren es, die die Arbeit zu unterbrechen vermochten. Es waren die Nachrichten vom Golf, es waren die nächtlichen Telefonate von Andreas Sinakowski mit seinen Freunden in Israel. Es waren die Anrufe im Krankenhaus, in dem ein Freund gegen den Krebs kämpfte. Und es waren die Besuche von Freunden, die nach einem Blick auf den Arbeitstisch versprachen, sofort wieder zu gehen und dann doch für Stunden bleiben wollten. Unter diesen Freunden die Opfer von ehedem, die immer wieder fragten, wann endlich dieses Buch zu lesen sei. Von ihnen kam die größte Ermunterung. Sie waren es, die nicht nur den Mut honorierten, der hinter dieser Arbeit steht, sondern die zugleich ihre Hilfe anboten für den Fall, daß nach Erscheinen von „Das Verhör" jene Hexenjagd anhebt, die dem Aussprechen der Wahrheit allemal zu folgen pflegt.

„Das Verhör" ist ein Interview. Und es ist mehr als das. Es besteht aus gesprochenen und mitstenographierten Texten und folgt hierin der herkömmlichen Struktur des Interviews, obwohl in der Druckfassung auf die Wiedergabe der Fragen verzichtet werden konnte. Gesprächspassagen nach bekannten Mustern wechseln mit erzählten, mit ihren überraschenden Wendungen oftmals an die amerikanische short story erinnernd, und mit essayistischen. Die Kapitel 3 und 5 entstanden außerhalb unserer Gespräche als eigenständige Texte. Im Schnittpunkt von Publizistik, Epik und Essayistik, durch Leitmotive gebündelt, öffnen sich die Konturen der Erinnerung. „Das Verhör" ist keine chronologische Darstellung von Ereignissen, ist keine Dokumentation und keine Historiographie, und es soll auch keines von alledem sein; die Geschichte des Ministeriums für Staatssicherheit zu dokumentieren, bleibt anderen vorbehalten. Was den Leser erwartet, ist die subjektive Darstellung einer fünf Jahre währenden Zusammenarbeit mit dem MfS und die ebenso subjektive Verallgemeinerung von Erfahrungen mit einem gewalttätigen, diktatorischen System. Eine getreu den Realien wiedergegebene Abfolge all der Taten und Unterlassungen, all des Gräßlichen und Schauderhaften, ein Verfolgen dieser Schneise der Vernichtung und Selbstzerstörung mit der Stoppuhr, es hätte nur eins auf das andere gehäuft und am Ende doch kein Bild ergeben. Nicht der Zeitstrahl soll die Geschichte erhellen, sondern das Kaleidoskop, nicht die Totalität der Fakten, sondern das Beispiel, der Präzedenzfall.

Von Vergangenheitsbewältigung wird dieser Tage viel gesprochen, doch ich bin mir nicht sicher, ob man die Vergangenheit bewältigen kann; der Terminus schmeckt mir zu sehr nach Gewalt, nach Amputation, nach Verdrängung; nach Ablaß und Persilschein auch. Aber ohne vergegenwärtigte Vergangenheit, freilich, dies ist ein Gemeinplatz, ist Zukunft nicht zu haben, und Vergangenheit nicht ohne Erinnern. Erinnern aber bedeutet zwiefach Schmerz; in der Erinnerung den Schmerz noch einmal erleben zu müssen, der Jahre zurückliegt, und den Schmerz des Erinnerns selbst. Ich besitze keinen Arztkoffer voll guter oder bloß gutgemeinter – das sind meist die schlechtesten – Ratschläge und gestehe, daß das Leiden anderer mich hilflos macht. Oft habe ich in den letzten Monaten hilflos vor dem Papier gesessen im Angesicht eines Menschen, dem vor Schmerz die Stimme versagte. Aber der Stenograph sollte nüchtern bleiben? Dieser Schmerz ist auch seiner, wie seine Erinnerungen anders und doch ähnlich sind. Wen die Erinnerung kalt läßt, der fügt sich schnell in die neuen Verhältnisse und funktioniert schon wieder, der hat seinen Namen geändert, heißt Geschäftsführer statt Kombinatsdirektor, Manager statt FDJ-Kultursekretär, der empfängt seine Befehle nicht mehr vom ZK der SED, sondern von der Treuhandanstalt. Demokratie, heißt es, müsse man lernen. Wozu? Am Ofen ist es warm, nicht auf der Straße.

Wie exakt kann man sich erinnern? Wie wahrhaftig ist dieses Buch? Hat sich alles genau so ereignet, wie es geschrieben steht? Natürlich nicht, denn der hier antwortet, ist keine Registrierkasse und keine Videokamera, er ist ein Mensch und führt nicht Gottes Buch, sondern sein eigenes. Aus verständlichen Gründen besitzt er keine Aufzeichnungen über jene Zeit, so daß er aus dem Gedächtnis rekonstruieren muß. Selbst ein gebranntes Kind und aus der Erfahrung der gemeinsamen Arbeit lege ich meine Hand dafür ins Feuer, daß sich alles wie beschrieben zugetragen haben kann.

Wenn ich Major Scholz sprechen höre, erinnere ich mich an meinen Führungsoffizier. Ich habe solche und ähnliche Worte gehört. Solche und ähnliche Phrasen. Eine ähnlich eitle, gewalttätige, dabei scheinbar sachliche Sprache.

Berlin, 2. März 1991 — Frank Goyke

# 1

# Straße mit Passanten

## Keime des Endes

Ich bin unter dem Sternbild des Schützen geboren. Den von Jupiter Beeinflußten sagt man nicht nur fabulöse Glücksfälle, man sagt ihnen ein ausgeprägtes Empfinden für Gerechtigkeit, freilich auch Selbstgerechtigkeit nach. Die meisten meiner Mitschüler waren hellwach, intelligent und mit ausgeprägtem Gerechtigkeitssinn begabt. Jeder von uns, ob er sich für Literatur interessierte oder nicht, spürte, daß Wolf Biermann der aufrichtigste und wütendste Dichter des Landes war. Aufrichtigkeit und Wut waren die Gefühle, die wir alle in uns trugen, sie waren unsere Gefühle, die auszusprechen man uns seit Ewigkeiten verbot.

Niemand von den Sechzehnjährigen kannte eine Zeile von ihm, aber jeder spürte, daß die Mächtigen begonnen hatten, ihre Unterschrift unter die Kapitulationsurkunde mit vorerst kaum sichtbaren Zeichen und nur in das Gewölk zu entäußern. Gegen eine Ausweisung hätte Biermann sich immerhin wehren können. Aber der Umstand, daß man ihn fahren ließ, nur um ihm die Rückkehr zu verbieten, wurde von uns allen als etwas Unehrenhaftes empfunden. Es war gemein und wenig zivilisiert. Ein Staat gegen einen Einzelnen. Wir führten erregte Debatten, und wir durften sie führen. Unsere junge Staatsbürgerkundelehrerin, die von uns geliebt wurde, nicht nur weil sie hübsch war, erteilte uns weder schlechte Noten noch Rügen für unsere Meinung. Freilich beauftragte die Klasse mich, die Diskussionen mit ihr zu führen, da solcherart garantiert das neunzigminütige Kinoformat mit Spannung und nicht mit Unterrichtsstoff gefüllt wurde. So sehr ich sie bis heute achte, damals lernte ich die perfide Raffinesse der vulgärmarxistischen πZirkelschlüsse kennen. Solange der Klassenfeind nur atmete, war alles Unrecht der „Guten" heilig. Die Lehre von Karl Marx war allmächtig, weil sie wahr war. Das weiße Tischtuch war schwarz, weil es schwarz war, und der Dadaismus, dem Lenin im Café Voltaire begegnete, war die, wenn auch verhohlene, Religion des Staates.

Es mochte sein, daß Biermann in einigen Versen recht hatte, doch solange der Imperialismus noch mächtig war, durfte es kein Recht sein, und darum säße er nun dort, wo er gerade stünde.

Vierzehn Jahre später besuchte ich sie wieder. Vieles hatte

sich inzwischen geändert, der Earl Grey, den wir in Pankow tranken, stammte nicht mehr von „Teehaus“, sondern von „Milford“, aber sie war dieselbe geblieben. Auf ihre Weise ehrlich, ebenso verzweifelt wie vierzehn Jahre zuvor. Die erste Tasse: „Es war recht.“ Die zweite Tasse: „Immerhin…“ Weit nach Mitternacht und ziemlich zum Schluß der Stunde Wodka: „Ich hatte immer Angst, eine Schulklasse zu betreten und von irgendwem nach den Slánsky-Prozessen gefragt zu werden. Ich hätte lügen müssen.“ Ich fragte sie: „Warum hättest du überhaupt gelogen?“ – „Weil es meine Aufgabe war, niemanden in meine Zweifel zu verstricken.“ Sie, die Unfehlbare, der von mir bewunderte Fels in der Brandung, hatte Zweifel gehabt. All die Jahre war es das, was ich hören wollte. Unser Leben gibt uns die Möglichkeit, die Wahrheit selbst über Götter zu erfahren, wenn wir bereit sind, unsere Kinderfragen, und sei es ein halbes Jahrhundert lang, nicht zu vergessen.

Der zentrale Mythos der Deutschen Demokratischen Republik bestand in der Behauptung, daß hinter der Mauer das Nichts begänne, das Chaos, der Schrecken. Aber wie jeder Mythos lud auch dieser die Menschen zur Entmythologisierung ein. Vor allem in Berlin durften sie die sinnliche, meist visuelle Erfahrung machen, daß die „Lüge“, der „Klassenfeind“ immerhin in der Lage war, sich zu materialisieren. Die Provinzialität der DDR bestand nicht darin, keine Kultur hervorgebracht zu haben, sondern über deren Charakter nicht durch die tagtägliche Ansicht der Mauer belehrt worden zu sein. Weder an der Küste noch an anderen Orten konnte das Unrecht und seine Absurdität so unmittelbar wahrgenommen werden wie in Berlin. Sowohl die familiären Bindungen als auch die immer noch in den Asphalt gesenkten Schienenstränge, Straßen, die in ein vorgebliches Nirgendwo führten, sowohl die mit Nachrichten von der Existenz der nicht vorhandenen Terra incognita prall gefüllten Taschen der Rentner als auch der verstohlene Blick aus dem S-Bahnfenster zwischen der Schönhauser Allee und Pankow ließen die Berliner nicht müde werden, ihre geliebteste Eigenschaft zu pflegen: beißende Skepsis. Die Berliner waren nie intelligent, aber sie glaubten selten an ihre Dummheit.

Vielleicht wuchsen wir alle sehr behütet auf, wenn es dies denn im Maul des Drachens geben kann. Vielleicht lag es daran, daß unsere Eltern mit uns über die Stasi ebensowenig redeten wie ihre mit ihnen über die Gestapo. Vielleicht hatte ich von der Existenz des MfS schon von ferne gehört. Aber in meinem Leben spielte es keine Rolle. Aus heutiger Sicht denke ich, daß das MfS noch in der zweiten Hälfte der siebziger Jahre kaum die Gestalt annehmen mußte, unter der es heute bekannt ist, weil der Staat DDR in der Bevölkerung noch auf Akzeptanz oder zumindest Toleranz stieß. Die ökonomische Rezession begann erst sichtbar zu werden und der intellektuelle Widerstand wurde nur von einer Handvoll „kaputter Typen" getragen. In der Gesellschaft dominierten die Kriegs- und Nachkriegsgenerationen, die bereit waren, ihre Seele dem Teufel zu verschreiben, wenn er es ihnen nur ermöglichen würde, sich einen Farbfernseher zusammenzudulden. Erst mit dem Heranwachsen der zweiten Nachkriegsgeneration fand die intellektuelle Kritik an der DDR jenen Umfang, der das MfS zu immer sichtbareren Gewaltmaßnahmen zwang. Erst jetzt übte eine nicht mehr zu übersehende Gruppe von Individuen die deutliche Abkehr vom vernutteten Plüsch der elterlichen Wohnzimmer. Ein Buch Reiner Kunzes interessierte sie oft mehr als ein PKW „Trabant". Gegen Ende der siebziger Jahre wurde die „Sinnkrise" der DDR spürbarer noch als ihre wirtschaftliche. Es gibt Kadaver, die zum Schluß nur noch von ihren Fliegen zusammengehalten werden. Gestank ruft sie auf den Plan. Ihr anderer Name war Stasi.

## Erster Auftritt Scholz

Schwarzgraue Schlacke, Schornsteine, S-Bahngleise. Ein langgestreckter Trakt aus dunkelroten Backsteinen, die Schule. Es war Frühjahr 1979, die letzten Monate meiner Berufsausbildung hatten begonnen. Es war eine gute Zeit, die Zeit der Gemeinsamkeit. Ein Jahr vorher hatte es Schmidt erwischt. Am Alexanderplatz demonstrierte er mit einigen hundert anderen. Mit einigen hundert anderen wurde er verhaftet, und mit vielen anderen landete er in Rummelsburg. Irgendein Lehrer hielt irgendeine pompöse Ansprache gegen den Klassenfeind. Schmidt war Klassenfeind und mitten unter uns. Wir lachten. Nach einigen Minuten war uns klar, daß wir protestieren würden. Kein Abbruch der Lehre, kein Verstoß aus dem Kollektiv.

Wir übernahmen die Bürgschaft für ihn, jeder schrieb in einem Fach mit Blaupapier mit, eine Lehrerin brachte ihm den Unterrichtsstoff in das Gefängnis. Ein paar Monate später war er wieder da, schweigsam und nicht mehr derselbe. Aber wenigstens würde er seine Lehre beenden können. Kellnerlehrlinge: angehende Säufer, angehende Schwule und angehende dicktittige Wirtinnen mit Herz. Keine Kampfreserve für die Partei.

„Wieviel Juden passen in einen ‚Trabant'? – Dreißig!: Vier auf die Sitze, sechsundzwanzig in die Aschenbecher. Lachen, komisch, tolle Freunde. Irgendwas war noch mit Aschenbahnen im Stadion oder mit FJF: Feines Jüdisches Fett, als Aufdruck für irgendeine Seife. Lachen, Auschwitz, toller Witz. So endet die Gemeinsamkeit.

– „Nicht komisch?"

Trockener Mund und nasse Hände. Schweigen breitete sich aus. Zehn Jahre später lese ich in Israel die Schlagzeile einer arabischen Zeitung: SADAM GIB GAS! Aber um mich herum, in Tel Aviv, sitzen meine Freunde, und manchmal, drei Monate im Jahr, baumelt eine Maschinenpistole über ihrem Hintern. In Israel ist man nicht allein. Juden in Waffen, für deutsche Touristen ein Skandal: „Auch jüdische Menschen müssen einmal Frieden geben", sagt die Dame aus Osnabrück, Friedenskreis, Sandalen und ein zu dickes Make up, das in der Hitze unbarmherzig in Richtung Dekolleté rutscht. Im Schulkorridor zischten sie Hep Hep. Sie hatten keine klassische Bildung, aber das Hep, das die Römer nach der Zerstörung Jerusalems gerufen hatten, Hierosolyma est perdita, Jerusalem ist zerstört, gehört seit den dreißiger Jahren zur kleinen Kampfausrüstung des Amateurnazis. „Knallköppe, Idioten", sagte Susanne, und Diana trat beiden in den Arsch. Wir lachten. Aus zwei mach vier: „Wir machen dich fertig!" Aus vier mach sechs. Ein paar Tage später trugen sie schwarze Lederhandschuhe, Hep Hep, haha. Einer zauberte ein Brecheisen aus der Manteltasche und ließ es in die Lederhand klatschen.

Der Parteisekretär: „Ich würde das nicht so ernst nehmen. Hängen Sie das um Himmelswillen nicht so hoch auf."
Ein Lehrer: „Sie sollten es sich wirklich überlegen, das Ansehen unserer Schule."
Der Direktor: „Ich gebe Ihnen den guten Rat, das einfach zu

ignorieren. Das meint niemand ernst. Jeder von uns muß mal einen Scherz wegstecken können."

Hep Hep, der Korridor, aus sechs mach neun. Schmidt, der Klassengegner, ehemals Boxer, mit breiten Schultern und Neanderthalernase, brachte mich zum Bus und wartete jeden Morgen auf mich vor der Schule. Kein schöner Land in dieser Zeit.

Doris war keine Jüdin, und auch ihr Vater, der alle möglichen Lager von innen kennengelernt hatte, begriff sich, wie viele andere Juden in der DDR, als Kommunist, als Parteimitglied und als Bürger eines Staates, in dem man kein Jude mehr sein mußte, wenn man es nicht wollte, und in dem man Jude war, ob man es wollte oder nicht. Das Parteibuch und die alte Abneigung gegen Schweinefleisch schlossen sich nicht aus. „Was soll ich machen?" fragte ich. „Wo ist die Schule, in Lichtenberg?" fragte sie. „Ich muß mit meinem Vater sprechen, du bist in Gefahr. Kannst du morgen um fünf wiederkommen? Paß auf dich auf. Sei vorsichtig, wenn du zur Schule gehst."

Ich schaute aus dem Fenster ihres Appartements hoch über der Leninallee auf den Schlot einer Brauerei, aus dem es nach Malz stank. Am nächsten Nachmittag, Tee und Gebäck, Babyjennygewinsel, stellte sie mir ihren Vater vor. „Ich hoffe, daß es Ihnen recht ist, habe noch einen Freund mitgebracht."– „Scholz, Kriminalpolizei. Doris' Vater hat mir bereits alles erzählt. Aber wenn Sie bereit wären, zu Protokoll zu geben…" – „Es gibt nicht viele, die gegen solche Leute etwas unternehmen", sagte Doris' Vater. Antifaschistischer Staat, Ideologie des Klassengegners und bessere Zukunft. Tee und Gebäck. Der Mann Scholz gefiel mir. Fast zwei Meter, dem guten Essen nicht abgeneigt. Konkrete Fragen, konkrete Antworten, das Gefühl, in Sicherheit zu sein, während der Kugelschreiber auf dem Notizblock tanzte. „Wir haben in Lichtenberg und auch an Ihrer Schule gehäuft mit diesem Problem zu tun. Deswegen ist es wichtig, daß wir Fakten und Namen bekommen, um dagegen etwas unternehmen zu können. Wie heißt der Parteisekretär? Mit dem Mann wird man reden müssen." Ein paar Tage darauf lud mich Scholz, gutes Essen, ich ahnte es, in das Dachrestaurant des „Stadt Berlin" ein. „Die Kalbsbries sind hier vorzüglich. Natürlich zahle ich." Aperitif, Fragen, Vorspeise, Fragen, Hauptgang, Fragen, Meißner Domherr, Kugelschreibergeflitze.

Ein guter Mensch und tolle Aussicht. Während wir mit dem Lift auf den Boden der Tatsachen hinabschnurrten, verabredete er sich mit mir für die folgende Woche.

Im Backsteinklotz am Nöldnerplatz begrüßten mich Lehrer, Parteisekretär und Direktor, als hätten sie einen neuen Vorgesetzten bekommen. Dada! Der Direktor: „Sie werden sich öffentlich bei Ihnen entschuldigen müssen. Auf dem Schulhof..." Peinlich, ächzte ein Stimmchen in mir. Scholz, der Zauberer. Vor den Sprelacart-Bänken trampelten wir nervös von einem Bein auf das andere. „Und nun gebt euch die Hände", sagte die Lehrerin. Und nun war die Geschichte der Deutschen Demokratischen Republik wieder in Ordnung. Und meine, wir ahnen es schon: kam für die Zukunft, keine schöne, wir ahnen es schon, in diffizile Turbulenzen. Kein schöner Land, bis heute nicht.

## Des Pudels Kern

Des Menschen Herz hat zwei Kammern, zwei Vorkammern, der Mensch als solcher liebt seine Ruhe und freut sich auf Freunde. Wie konnte der Frühling duften, wie schön hing der Flieder über die leprösen Gartenzäune, und was hatte ich gegen ein Essen, einen Spaziergang mit einem Mann einzuwenden, den ich irgendwie mochte, Schulter an Schulter auf gleicher Höhe. Ein Bulle? Wenn man Rindfleisch aß, warum nicht auch spazieren gehen, mit ihm, dem Stopper des Hep, tausend Dank, du Wächter meines Schlafes und Retter meiner Haut, auf dem Schotter mitten durch eine Laubenkolonie, ich glaube, es war am Rande Karlshorsts. Ein Bulle?

1990. Die Dachböden der besetzten Häuser in Westberlin und ihrer mittlerweil besser betuchten Besetzer mit Senatsvertrag und Gehaltsstufe Wasweißdennich werden von neuen Besetzern besetzt, und die alten, am Strand des Establishments Brütenden rufen die Bullen. Dachböden der Häuser, mentale Dachböden. Die Ordnung ist immer die Ordnung der Besitzenden, das Rotationsprinzip. Der Feind Bulle wird Freund Bulle, wenn man geerbt hat.

Ich mochte den Bullen, ein Daddy, dem man sogar ein Gutenachtküßchen gibt. Außerdem, die Detailfragen, Rücksprache, schließlich gäbe es noch ein paar Verwirrte, Verirrte mehr. Sein Vorgesetzter hätte auch einige Fragen an mich, warum ihn nicht treffen, vielleicht ganz nett, der Kerl, soviel nette Menschen auf einmal, und das in der DDR, gab es sonst nur über Genex, und hier bezahlten sie einem sogar das Essen: „Mein Name ist Falk. Schön Sie zu treffen, schon viel von Ihnen gehört, tapferer Antifaschist.“ Der Flieder duftete, Schotter knackte.

Der schöne Mensch: Ein alter Nazi. Das schöne Land mit dem verbrannten Fleisch. Eben doch die Aschenbahnen. Man grüßte mich noch im Korridor, aber die Ehre der Schule, ich hatte sie bekleckert, nicht schwarzweißrot, sondern typisch weißblau, mit dem Stern in der Mitte. Die praktische Prüfung, Frau X. geht an mir vorbei, ein Spickzettel landet auf meinem Tisch, den ein paar Sekunden später Herr Y. findet, und Z., die mich von der Prüfung wegen Betruges – lauthals! –, wegen der Ehre der Schule natürlich, aha, die Rache, wenn auch verhohlen, verweist. Durchgefallen! Betteln um die zweite Prüfung. Die Antifaschisten X., Y., Z. geben sich jovial, zweite Prüfung: Hausarbeit eins, praktische Prüfung fünf, dann drei, macht drei insgesamt, und ein drittklassiger Job in einer drittklassigen Kneipe ist sicher. Die Ehre ehrenhalber heißt: Gegrinse, ehrenwerte Luxusrestaurants für die Nazis, dem Störenfried ein Orden in Bronze. „Unerhört“, sagte Scholz. Auf der Fahrt, natürlich mußte man sich treffen, entlang am Eingangsbogen des Treptower Ehrenmals, dem Arc de Triomphe unseres Scheiterns, Blut, Kacke, Tränen – das weiß man heute! –, zückte der Dicke, Format und Aussehen Alexander Schalck-Golodkowski, eine Klappkarte am Lederbändchen, das irgendwo mitten in seinem hohen Leib zu enden schien, und hielt sie mir zwecks Verdunklung, die Angriffe des Feindes natürlich, vor die Augen. „Ich bin Mitarbeiter des Ministeriums für Staatssicherheit.“ Unsicherheit bei mir. Was solls, der Mann war gut, der Mensch sowieso, tausend Seelen zwar, aber nur ein Leben. Welches Mißtrauen seinerseits – es hätte mich mißtrauisch machen müssen. Er fragte mich, ob mir dies etwas ausmachen würde. Wieso denn, er hatte etwas für mich getan, außerdem würde ich wissen, daß das MfS auch den Antisemitismus bekämpfte, andere bekämpften ihn nicht, ich war dafür, nein, nein: Ich war für ihn. Ein Job, entlang ging es an Rummelsburgs Mauern, könne man für mich schon irgendwie organisieren. Jeder organisierte Autoreifen für Kupferrohr für Dachrinne für Schienenbein für Herz und Seele, warum nicht er, warum nicht ich.

In Spielbergs Filmen ist das gigantisch Böse eine Tonne Knetgummi in Cinemascope-Format, naß, schlüpfrig, mit viel Gedärm um die Stirn, damit man es auch begreift. In Deutschland ist des Pudels Kern ein netter Mann und früh gereift, der was besorgt, man hat ihn gern. Für Faust gab es die Helena, für Brecht gab es ein Haus, mit einem großen Friedhof dran. Punktum und Schluß und aus.

### Der Preis des Paktes

Scholz lehnte im hochgeschlossenen Mantel am Stamm einer Fichte, Kiefer, Tanne und schaute mich an. Ich blickte auf den See hinaus, oder zum Boden hinab, oder zum Himmel hinauf. Entfernt ging eine Familie, drei Personen, sechs Zentner. „Vielleicht haben wir manchmal ein paar Fragen an Sie. Dort verkehren viele westliche Journalisten. Ihrer Einstellung steht nichts im Wege. Die Sicherheitsüberprüfung des Personals übernehmen wir seit eh und je. Das Gutachten für Sie schreibe ich. Wir bleiben in lockerem Kontakt. Entweder Sie rufen mich an, oder ich melde mich bei Ihnen. Notieren Sie sich eine neue Nummer." Ich zog mein Adressbuch aus der Innentasche meines Sakkos, Parkas, Mantels. Eins zwo drei vier fünf sechs, notierte ich, der Draht nach oben, erster Faden an der Marionette, und neben die Nummer „Gen. Scholz – Staatssicherheitsdienst". – „Das streichen Sie mal gleich wieder", sagte Scholz, der mir über die Schulter blickte, sechs Jahre lang. „Und wie gesagt, Geheimdienst kommt von geheim." Und von nichts kommt nichts.

Ich hatte einen guten Job, und die Sache versprach, spannend zu werden. Endlich passierte mal was. Die Zone, nicht eben was für Vergnügungssüchtige – man freute sich auf die Wahlen, alle vier Jahre mal ein bißchen Abwechslung, und nun sogar Geheimdienst, so was aus dem Fernsehen, Trenchcoat, eine Wanze im Lippenstift, 'ne Story. Die Zukunft gesichert. Vielleicht war doch was dran am Staate Dänemark. Wieviel zahlst du, Schatz, daß ich dir glaube? Sehr viel, Kind, verlaß dich drauf. Vielleicht zeige ich dir später die Welt. Vielleicht kaufe ich dir ein Eis, einen großen bunten Luftballon, eine Fahrt in der Achterbahn … „Vielleicht müssen Sie in der nächsten Woche noch was unterschreiben.“ Ich glaube, es war eine Eiche.

### Willkommen im Club

Das Auto parkte in einer verlassenen Seitenstraße. Nachdem der Mann den Motor abgestellt hatte, griff er über die Lehne des Fahrersitzes, um eine schwarze Aktenmappe von der Rückbank des Wagens zu angeln. In sechs Jahren spuckte die schwarze Mappe hervor: Geld, Geld, Geld und immer wieder Geld, die Briefe meiner Freunde, die mir von der Post noch nicht zugestellt worden waren, Protokolle ihrer Aussagen, in denen sie sich gegenseitig verrieten, Fotos, Gesichter, schweißgetränkte Socken, um den Hund auf die Fährte zu bringen, Notizen, aus denen Haftbefehle wurden, „Der Spiegel“, „Die Zeit“, interessante Artikel, sollte ich mal lesen, Geld, Fotos, Adressen von Opfern, Blut im ersten Stock, gleich links. Die Tasche war gefährlich. Die Tasche schluckte: Namen, Adressen, nach Mitternacht gehauchte Heimlichkeiten, sämtliche Freundschaften, die erste große Liebe, meinen Charakter, meine Gesundheit, meine Freiheit, die Freiheit anderer, die Freiheit der Wolken zu fliegen, Gesichter, Augen, abgerissene Arme, Beine, Schuhe, Haar. Die Tasche reichte vom Kap Arkona bis zum Fichtelberg, von der Elbe an die Oder, in der Mitte hatte sie ein Geheimfach: Westberlin, und um das Ganze ritsch ratsch einen festen Reißverschluß. Der Mann legte sich die Tasche auf die Knie, öffnete sie und zog einen Schreibblock hervor. Kariertes Papier, Karrierepapier, nebst einem Kugelschreiber landete es auf meinem Schoß. „So, nun schreiben Sie mal …“ Daß ich für das Ministerium für Staatssicherheit, Deutschland einig Vaterland, Informationen liefern werde, laßt uns dir zum Guten dienen, und vor allem Stillschweigen darüber bewahre, denn es muß uns doch gelingen. „So, haben Sie? Und nun die Unterschrift.“

Die „Duineser Elegien“ beginnen mit dem Satz: Jeder Engel ist schrecklich. Was wurde aus der Tasche? Wer bekam Hitlers Mäntel, Stalins Teetasse, Ulbrichts Sofakissen, Margot Honeckers Lockenstab, ob sie ihn mitnehmen durfte? Und wer trägt Lindberghs Armbanduhr? Alle Helden sind schrecklich.

## Gefährlicher Zucker

Umgeben von den nachgedunkelten Gebäuden des ehemals bedeutenden deutschen Konfektionszentrums rund um den Hausvogteiplatz reckte der Instantbau des Internationalen Pressezentrums seine flachen Etagen dem Himmel über der Mohrenstraße entgegen. Auf Geheiß des Dienstleistungsamtes für ausländische Vertretungen maß ein Schneider in Köpenick meine Beine, meine Hüfte und meine Schultern. Während er mir mit dem Zentimetermaß im Schritt herumfuchtelte, fragte er mich mit der sachlichen Diskretion eines Gynäkologen: „Sind Sie Links- oder Rechtsträger?" Dann gab es einen blauen und einen schwarzen Anzug; Hemden, Fliege, Portemonnaie, Schuhe und Socken mußte man dem eigenen Fundus entringen. Im Pressezentrum gab es die Büros der unterschiedlichsten Agenturen. Eine Post, in der die Kellner telefonierten, zwei Treppenhäuser, zwei Fahrstühle, einen Konferenzsaal, ein kleines Café und ein Restaurant, in dem die Kakerlaken gediehen und die Topfpflanzen sich nach dem Ende ihres Siechtums sehnten. Dagmar, eine ältliche Blondine, Typ deutsches Mädchenpensionat, war stolz auf: ihre schlanke Taille, ihr volles blondes Haar, mit Kämmen, Leim und Stahlträgern nur mühsam zum Knoten gebändigt, ihre üppige Brust und ihren Mann, einem Offizier des MfS, der viel besorgte, ihr diesen Job, und der fest und unerschütterlich unter ihrer Befehlsgewalt bebte. Barbara, eine schlaksige Blondine ohne Waden, der es vor den unerbittlich nahenden Fünfzigern grauste, kämpfte sowohl gegen die Gäste und ihre Frechheit, nach dem Essen auch noch Kaffee zu verlangen, als auch gegen ein hartnäckiges Schilddrüsenleiden, das ohne Mitleid und mit der Regelmäßigkeit eines Metronoms hormonelle Überdosen in ihre Blutbahnen orderte. Ihre hysterischen Anfälle und Weinkrämpfe, nicht zu vergessen ihr Ehemann, Offizier des MfS, der ihr diesen Job besorgt hatte, waren schwerer zu ertragen als fünfzig Gäste mit Menü. Eine Rostocker Bardame, die bereits beim Wiener Kongreß ihr sinistres Gift gerührt haben muß, zwei Köche und sechs Chefs. „Ihre Gespräche mit den Gästen werde ich melden", sagte die eine. „Ihre Gespräche mit den Gästen werde ich melden", sagte die andere. „Ihre Gespräche mit den Gästen werde ich melden", sagte ein Chef. „An welchen Tischen bedient heute der nette junge Mann?“ fragte Lothar Löwe, später Intendant des SFB. „Sie können auch an meinem Tisch Platz nehmen“, giftete die eine. „Sollte es mir richtig erscheinen, mit einem Wunsch an Sie heranzutreten, werde ich es Sie wissen lassen. Also, wo bedient er?“ Das Kollektiv trat zusammen, um mir eine Rüge auszusprechen. Das Wesen eines Kollektivs bestünde darin, daß der einzelne sich aus ihm nicht hervorhebt, dies meine auch übertriebene Freundlichkeit gegenüber dem Klassengegner. „Wir wollen auch Westknete abfassen“, kreischte Barbara und rieb sich ihren Almkropf. „Darum geht es nicht, Barbara“, sagte Dagmar. „Mir schon.“ Regelmäßig erboten sie sich, die Mäntel der Journalisten zur Garderobe zu bringen, um einen Blick in deren konspirative Taschen senken zu können. „Welche Zigarettenmarke raucht Löwe? Wieviel trinkt Pleitgen? Uns interessiert einfach alles. Schreiben Sie alles, was Sie bemerken“, sagte Scholz. Einer trug einen bodenlangen Mantel aus grauweißem Wolf, den er neben sich am Gitter aufhängte. „Er ist wunderschön“, entfuhr es mir. „Wollen Sie ihn einmal überziehen, oder werden Sie dafür entlassen?“ fragte er. „Außerdem sollten Sie nachher das Tischtuch wechseln.“ Im Tischtuch versteckt, zwanzig D-Mark. „Alles interessiert uns. Schreiben Sie das auf“, sagte Scholz. Der eine trank, der andere rauchte. Alle trugen Hosen, und niemand war nackt. Manche nahmen Zucker zum Kaffee.

## Kolportage

Der Pate schickte den Knaben, nachdem er ihm die Wangen getätschelt hatte, in eine kleine Seitenstraße von Palermo. Pünktlich wie jeden Tag ging Rechtsanwalt Orsini zur Mittagszeit diesen Weg. Der Knabe näherte sich ihm unauffällig, riß ihm die Uhrkette vom Anzug und apportierte sie dem Paten.

„Sergio, sehr gut, sehr gut.“ Langsam ließ er die Uhr in Sergios Hand sinken. „Und jetzt bringst du sie Orsini zurück.“

Sergio hatte seine Zuverlässigkeit für die Familie bewiesen.

„Die Reinheit der arischen Rasse bewährt sich und erfüllt sich in der Ertüchtigung des Leibes“, schmetterte es über den Appellplatz.

Das Fähnlein hatte Angst. Das Feuer war riesig. Hans sprang als erster. Mit versengten Augenbrauen und einem glücklichen

Lächeln auf den rußigen Lippen tauchte er aus dem Feuer hervor. Der Fähnleinführer tätschelte seine Wange. Hans hätte die Probe bestanden, er würde ihn vorschlagen. In der Hierarchie der HJ stieg Hans rasch auf, nachdem er die Tests hinter sich gelassen hatte. In der Hierarchie der SS nahm er mehrere Stufen auf einmal. Zum letzten Mal sah man ihn im Ghetto von Wilna. Unter dem Namen Peter Frisch arbeitete er als Zahnarzt in einer kleinen deutschen Stadt. Über der ein Himmel sich krümmt. Die Schöpfung lacht.

## Es war nicht der Regen

Im Juni 1979 roch die Luft in der DDR deutlicher als je zuvor nach Opernplatz. Dort, wo man Bücher verbietet, verbietet man auch Menschen. Immer wieder blicken wir zurück, und nicht im Zorn, in namenloser Traurigkeit. „So, los, abstimmen!" rief Görlich, und sie stimmten ab, vor allem gegen sich selbst. Es wäre ein Fehler, anzunehmen, daß ein Schriftsteller automatisch intelligent sein müsse, meinte in anderem Zusammenhang Reich-Ranicki.

Der Abend des 7. Juni 1979 endete im Roten Rathaus mit dem Ausschluß kritischer Schriftsteller aus ihrem Schutzverband und ein paar Häppchen: „Ich möchte noch mitteilen, daß am hinteren Ausgang das Buffet noch geöffnet ist, wer also noch etwas essen will und trinken aufgrund der vorgeschrittenen Zeit, das ist möglich." Wenn dieses Buffet wie Görlichs Syntax schmeckte, so gab es auch in diesem Lande besseres Essen. „Ich wünsche einen guten Heimweg!" schloß der Vorsitzende des Berliner Schriftstellerverbandes, auch Stimmvieh muß gefüttert werden. Gab es Lachs, Kaviar oder Champagner? Sie taten's auch für Bierschinken. In manchen Ländern sind die Menschen billig.

Artikel in den Zeitungen, Kommentare, kompromißlose Kanonaden, gichtiges Gegreine giftiger Greise, einige von ihnen gründeten einst „Die Linkskurve". Nach fünfzig Jahren Kurve war man einmal rum und rechts. In der „Weltbühne" teilte der Erste Sekretär des PEN-Zentrums der Deutschen Demokratischen Republik, des ersten und letzten Arbeiter- und Bauernstaates auf deutschem Boden, von dem niemals mehr ein Krieg, Hilfe, hören Sie auf!, teilte also Henryk Keisch dem geneigten

Leser, allzeit geneigt, mit, es wäre nicht der Regen. Die Schriftsteller der DDR gingen eine lange und schöne Straße, bis plötzlich etwas Feuchtes ihre Wange erreichte. Wie in der Novelle die plötzliche Wendung. Da der Himmel blau war, mußte auch der gutwilligste DDR-Schreiber einsehen, daß es nicht der Regen wäre, sondern die Spucke einiger unfreundlicher Zeitgenossen, die am Straßenrande stünden und spieen.

Keischs Adresse in 110 Berlin ließ sich im Telefonbuch herausfinden. In Thomas Manns „Doctor Faustus" holt sich Adrian Leverkühn die Lues, um, durch sie inspiriert, syphilitische Sonaten zu setzen. Keisch fragte ich in meinem Brief, ob sein Artikel derselben Inspiration zu verdanken wäre. Weiter wäre mir sehr bewußt, daß die Werke der ausgeschlossenen Autoren zu mir, ihrem Leser, nie wieder sprechen würden, protestierte ich nicht auch gegen seinen Artikel. Aber dies habe man mir in einer Schule der DDR beigebracht, als man mich lehrte, das Erbe zu erwerben und die Kunst des Vaterlandes beim Wort zu nehmen. „Sie wünschen sich ein Gespräch? Das ist angesichts des rüden Tons, den Sie glauben anschlagen zu dürfen, eine recht kühne Hoffnung. Aber trotzdem. Wir können einmal darüber reden. Wenn Sie mich anrufen würden, könnten wir einen Termin vereinbaren. Sie müßten es allerdings recht früh versuchen, da ich später meist außer Haus bin. Henryk Keisch." Eine halbe Stunde, sagte er, würde er mir im Terminplan einräumen, wenn sich meine Argumentchen nicht gar in zwanzig Minuten vom Tisch fegen lassen würden. Also dreizehn Uhr bis dreizehn Uhr dreißig. Unten im Haus läge ein Passierschein für mich, sonst käme ich nicht rein, „Grenzgebiet, Sie verstehen".

Vorsichtig klopfte ich, präpariert mit Angst, wenig Respekt und Marx-Zitaten, an die Tür des PEN im Schweizerhaus Friedrichstadt, Friedrichstraße, einige Meter vor der verbotenen Erde. Am Schreibtisch wedelte ein weißhaariger Mann mit der Hand durch die Luft, um mich zu verscheuchen. Keine Zeit, gleich einen Termin. Ich wolle auch nicht zu ihm, erwiderte ich, sondern zu Herrn Keisch. „Wie alt sind Sie denn?" fragte Keisch erstaunt. „Achtzehn." „Setzen Sie sich da hin, ich muß noch etwas schreiben." Während er sich in einen Sessel auf der anderen Seite des Tisches fallenließ, und ich einen erregten Blick aus dem Fenster in die Mitte, sensationell!, des Checkpoint Charlie riskierte, begann er: „Sie haben Glück, daß ich mit Ihnen überhaupt rede.“ – „Nein, Sie…“ Es wurde dreizehn Uhr dreißig, vierzehn Uhr dreißig, fünfzehn Uhr. Da die Argumentchen sich wie der ganze Mensch als unerwartet zäh erwiesen, orderte Keisch den Kaffee. Der Mann hatte Temperament, redete, und redete, und krempelte sich hastig die Ärmel seines Hemdes über die Ellbogen.

„Haben Sie keine Angst, daß ich jetzt hier auf einen Knopf drücke und Sie verhaften lasse?“

Jung zu sein, schützt oft vor Angst. Welch herrliches Blau hatte der Himmel an diesem Nachmittag. Ich starrte, ohne seine Frage zu begreifen. Ich rauchte, trank Kaffee und starrte ihn an. „Vergessen Sie's“, sagte Keisch. „Schreiben Sie eigentlich?“ – „Warum?“ – „Ich dachte nur“, sagte er. „Vielleicht fangen Sie irgendwann einmal damit an. Machen Sie mal, und wenn Sie wollen, schicken Sie es an mich. Vielleicht kann ich etwas für Sie tun.“ Als er mich gegen fünf Uhr zum Fahrstuhl brachte, sagte er: „Ich bin lange nicht so beleidigt worden wie von Ihnen. Aber wir haben uns alle nicht mit Ruhm bekleckert. Das ganze wäre besser nicht geschehen.“ Der Lift rumpelte mich auf den Boden der Tatsachen zurück.

Szenenwechsel: Ich lehnte am Gitter einer Terrasse und blickte auf die riesige Kuppel des Kurhauses von Scheveningen, während tief unter mir die Nordsee donnerte und ein scharfer Wind an den Ärmeln meines nur lose über die Schulter geworfenen Pullovers zerrte. Weit entfernt leuchteten einige Fenster Den Haags in der Dunkelheit.

„Das ist zehn Jahre her, Miep“, sagte ich zu ihr, die nachdenklich unsere Gläser seit Stunden mit Whisky füllte.

„Die zweite Flasche“, sagte sie. „Auch Autoren haben das Recht auf ihre Berufskrankheit. Cheers!“

„Was hat er mit diesem Satz gemeint“, fragte ich sie.

„Vielleicht wollte er dich auf die Probe stellen. Ob du es wert wärst. Aber das macht auch keinen Sinn.“
Sie stellte das Glas heftig auf den Tisch und sog den Rauch ihrer Zigarette tief in die Lungen.

„Er hat dich ja nicht verhaften lassen. Er hat mit dir geredet. Hör mal, Henryk hatte Charakter. Manchmal einen Scheißcharakter, aber die anderen hatten gar keinen.“

„Laß uns schlafen gehen“, sagte ich. „Mir ist kalt.“

1969 überquerte ich mit einem Schulfreund die Rathenaustraße im Ostberliner Stadtteil Oberschöneweide. Auf dem Asphalt glänzten matt die Zweimarkstücke einer zerplatzten Geldrolle mit dem Aufdruck „Katholische Verschaukelungsgemeinde“. Zweiundsiebzig Mark, verteilt auf zweimal acht Jahre, macht sechsunddreißig für jeden. Nach achtmal Achterbahn war das Vermögen futsch, und mir war übel. Aber als wir es fanden rief ich: „Wir sind reich.“

Schriftstellerverband, ein Mensch zu sein, wie stolz das klingt. „Ich habs geschafft“, jubelte ich 1979.

„Sie haben dich geschafft“, knurrte Miep, als sie in einer Nacht des Jahres 1989 die Tür zur Terrasse hinter sich schloß.

## Im Zeitraffer I

Sehr viel Zeit war vergangen, als ich Scholz 1984 an einem der weißgedeckten Tische, auf den der Lüster eines Prager Restaurants bunte Reflexe zauberte, fragte, welchen Sinn meine anfänglichen Aufgaben eigentlich gemacht hätten. Man könne nicht sagen keinen, sagte er, aber erst einmal wäre es darum gegangen, mich an die Firma zu binden, ohne schon genau zu wissen, ob ich überhaupt interessant werden würde. Später, als ich ihm vom Beginn meiner literarischen Arbeit und den ersten Besuchen im Schriftstellerverband erzählt hätte, wäre ihm klar gewesen, daß mit mir „eine Menge zu kochen“ wäre. Auf irgend so etwas habe er nur gewartet. Am Anfang wäre es immer wichtig, die Mitarbeiter nicht zu verschrecken, sie sukzessive an die Ernsthaftigkeit des Kampfes heranzuführen, sie an kleinen Aufträgen zu trainieren, die Regeln der konspirativen Arbeit zu üben, daß bei ganz normalen anfänglichen Fehlern die Tarnung nicht aufflöge. Schlußendlich habe man mir gegenüber Verantwortung, und es käme dem Ministerium nicht darauf an, mich „zu verheizen“. Zumal wenn man mit mir noch Besonderes vorhätte. „Im Vordergrund steht bei einem sozialistischen Geheimdienst immer die Sicherheit des Mitarbeiters, das gegenseitige Vertrauen und die Humanität, anders als bei den Amerikanern, die ihre Leute gnadenlos verheizen. Damals mußte ich auch erst einmal abwarten, in welche Richtung Sie sich bewegen. Aber dann …“

Mehr und mehr lernte ich Kollegen in den unterschiedlichsten Nachwuchsgruppen des Schriftstellerverbandes, bei Lesungen, Werkstätten oder Treffen kennen. Meist im Abstand von zwei Wochen telefonierte ich mit Scholz, wir verabredeten uns zum Essen. In seinem Wagen fuhren wir aus der Stadt hinaus, um in einem Landgasthaus einzukehren. Der gute Hirte fragte mich nach meinem Befinden, und ich erzählte ihm, was ich in den letzten Wochen erlebt hatte. Zu seiner rechten Hand lag eine Seite Papier, manchmal machte er sich Notizen, er stellte Fragen, konzentriert, leise, vor allem unaufdringlich. In mir wuchs die Sucht, ihm zu gefallen, ohne mir Gedanken über die Folgen zu machen.

Da war Z., der mich bewunderte und mir vertraute, Sohn eines Offiziers der Staatssicherheit. Er haßte seinen Vater, er haßte sich selbst und war in dieser Welt hilflos und verloren. Er besuchte mich, er, den niemand ernst nahm, um mit einem Menschen sprechen zu können. Er nahm mich mit in die Wohnung seiner Eltern, öffnete die Schränke, zeigte mir die Uniformen, Dokumente in den Schubladen. Mitunter habe sein Vater Pfund Sterling, Dollars und Schweizer Franken in den Taschen. In mir glomm die Gier auf, die mich von nun an nie mehr verließ. Die mich aufmerksam und gespannt immer weitere Details zum Vorschein bringen ließ und die mir bedeutete, mit entspannter Beiläufigkeit meine Fragen anzubringen. Scholz notierte, Scholz recherchierte, Scholz verifizierte und Scholz lobte mich. Mit dem Genossen würde man reden müssen, ich indessen solle keine Angst haben, der Mann wisse, was ihm blühe. Es wäre wichtig, gerade auf die Kinder von Angehörigen des Ministeriums acht zu geben. Sie wären ein großes Problem für die Sicherheit ihrer Eltern, oft genug „undichte Stellen“ in der Konspiration. Wenige Wochen später schlief ich mit Z. Aus seinen literarischen Versuchen wurde nichts, er hatte nicht die Kraft für einen solchen Beruf, denn er verschliß all seine Energie im Widerstand gegen seinen Vater, der ihn für die Firma werben wollte. Lange Zeit arbeitete er als Koch, später doch in der Normannenstraße, wie ich hörte. Ob seine Traurigkeit ihn jemals verließ, weiß ich nicht. In Westberlin erfuhr ich, daß er sich erhängte. Vor den Vätern sterben die Söhne, und zumeist an keiner natürlichen Krankheit.

Da war X., Dolmetscher in der Karlshorster Garnison, Russe, blendend aussehend, der mir über einem Gin in einer Bar gestand, daß er schwul sei. Niemand dürfe es erfahren. Er gefiel mir, aber er interessierte sich nicht für mich. Scholz notierte, langsam aber beständig füllte sich das karierte Blatt mit einer kleinen und disziplinierten Schrift. Scholz lobte mich, auch dies wäre ein wichtiger Hinweis, denn es wäre gut, von Fall zu Fall den sowjetischen Genossen ein kleines Geschenk machen zu können. Da war dieser und jener, diese und jenes, scheinbare Kleinigkeiten, da war die schreibende Hand, das Lob und eine immer wiederkehrende, über Jahre gleichbleibende Formulierung, mit der Scholz mir nach der Lieferung sein Wohlgefallen bescheinigte: „Na bitte, auch kein Schmutz."

## Zärtliches Ghetto

Die Feststellung, homosexuell zu sein, war für den Sechzehnjährigen eine Katastrophe. Es war nicht die einzige, wohl aber die furchtbarste.

Wie sehr haßte ich mich, wie sehr haßte ich jeden anderen Schwulen. Ich kam mir ekelhaft, abstoßend vor und wurde es, je mehr man von mir verlangte, als Homosexueller so zu sein. Wie sehr wünschte ich all die anderen, die ich begehrte, zur Hölle, weil sie in mir das beunruhigende und bestürzende Gefühl der Begierde auslösten.

Homosexualität, so hatte man mir beigebracht, war eine Krankheit, die einen Mann befällt, ein gräßliches Laster, das ihn unerbittlich seiner Männlichkeit beraubt. Nicht die Tatsache, homosexuell zu sein, war für mich furchtbar, sondern angeblich kein Mann zu sein, ein Ding, ein identitätsloses Stück Fleisch, auf das man mit Fingern zeigen würde. Als ich um die Mitte des Jahres 1980 all meinen Mut zusammenkratzte und Scholz erzählte, daß ich mir „nichts aus Frauen machen" würde, zuckte er zusammen. Ich hatte es geahnt, ich hatte es verdient, er war „normal", stand himmelweit über mir, dem Untermenschen, und konnte so mit Fug und Recht und nach Belieben verfahren. „Das ist sehr, sehr schade", sagte er, eigentlich habe man darüber nachgedacht, mich in den offiziellen Dienst zu übernehmen … „Mist, verdammter!" entfuhr es ihm. Ja, es war schade um mich, genauso dachte ich auch, es war wohltuend, daß er nun gemeinsam mit mir trauerte. Leider könne man mich nicht einstellen, aber es wäre richtig von mir gewesen, mich ihm zu „offenbaren". Dies würde sein in mich gesetztes Vertrauen rechtfertigen. Außerdem solle ich mir keine Gedanken machen. An seinem Verhältnis zu mir würde sich nichts ändern. Man müsse eben etwas anderes für mich entwickeln, einen Weg, der vielleicht noch wichtiger als der offizielle Dienstweg wäre.

Und er wurde es, dieser Weg. Ich hatte eine Organisation gefunden, in der es mir möglich wurde, mich als „Mann" zu beweisen. Wenn man mich dort tolerieren würde, könnte sogar das Unmögliche geschehen, könnte ich vielleicht sogar meine Männlichkeit zurückgewinnen. Von nun an wollte ich werden wie alle, in einer Organisation, die das Äußerste an männlichen „Tugenden" selbst „richtigen" Männern abverlangte. Ich wollte ein Mann wie sie werden und wurde es: pünktlich, zuverlässig, sachlich. Ich wurde grausam, gefühllos und effizient.

Ein richtiger Mann.

# 2

# Stützen der Gesellschaft

Die Kleinen,
wenn sie sterben,
werden Engel,
die Erwachsenen
Teufel.

Mohamed Choukri

Eine Platitüde besagt, daß der destruktive Charakter unfähig zu lieben sei. Niemand liebt mehr, länger, ausdauernder, vor allem aber verheerender als der destruktive Charakter. In der Innigkeit seiner Umarmungen zerspellen Brücken, Wohnquartiere. Ja ganze Reiche zerfallen unter seiner Zärtlichkeit zu Staub. Er ist es, der immer liebte und der noch in seinem letzten Stündlein tapfer, seiner Zuneigung gewiß und erhobenen Hauptes vor das Parlament zu treten weiß, um an geheiligtem Ort zu bekennen, daß er alle, alle und jeden immer nur liebe.

Wenn man sie später fragte, so sagte sie, daß alles an diesem Abend begonnen habe. Meine Mutter strahlte, sie war eine glückliche Braut, die den Mann geheiratet hatte, den sie liebte. Inmitten des lärmenden Festes bemerkte sie nicht, daß er für sie keine Blicke mehr hatte. „Tu ihr das nicht an, nicht an diesem Abend", hatte meine Großmutter, deren Augen nichts entgangen war, zu ihm gesagt. Und er tat es ihr nicht an, nicht an diesem Abend.

Wenige Wochen später saß sie einem anderen Mann gegenüber, auf dessen beständige Fragen sie keine Antwort kannte. Nein, auch sie wisse nicht, wo ihr Mann wäre. Und es war keine Lüge. Am Ende der Vernehmungen war sie erschöpft und leer. Sie sollte es bleiben. Ein Jahr vor dem Bau der Mauer war mein Vater in Begleitung seiner Sekretärin nach Frankfurt am Main geflohen. Am Tage arbeitete meine Mutter, um nachts ein Zimmer für das Kind zu tapezieren, das sie nach ihrem Verlassenwerden abzutreiben versuchte. Das Chinin zeigte keine Wirkung, wenigstens keine sichtbare, es wurde eine normale Schwangerschaft und es wurde die Hölle für meine Mutter. Wenigstens ein Sonntagskind sollte es werden. Der Sonntag verstrich, während sie sich unter Schmerzen krümmte. Als ich am Morgen des 28. November 1960, einem Montagmorgen, um 6.25 Uhr geboren wurde, regnete es in Strömen. Natürlich habe sie mich nie gewollt, sagte sie, aber als ich in ihren Armen lag, wäre es ihr ergangen wie jeder Mutter, wie jeder Frau. Doch mein Anblick war ihr unerträglich, ich erinnerte sie wohl an meinen Vater, nur wenige Zeit später brachte sie mich zu ihrer Großmutter, die auch meine Mutter schon großgezogen hatte. Eine liebevolle, weißhaarige, alte Dame, die in den zwanziger Jahren in der Gegend um den Kurfürstendamm erfolgreich das

Leben einer Demimonde geführt hatte. Am Ende ihres Lebens, in einer winzigen Wohnung des Berliner Ostens, muß ihr Uterus nach einem guten Dutzend Aborten mit der Stricknadel einem Sieb geglichen haben. Sie verstand meine Mutter, deren ungewolltes Kind ihr in den Arm gelegt wurde wie Jahrzehnte zuvor ihr eigenes, dessen Erscheinen sich nicht verhindern ließ und das sie als einen ebenso absurden Unfall angesehen haben mochte, wie meine Mutter mich.

Einst gab meine Urgroßmutter ihre Tochter zu deren Großeltern. Sie landete in irgendeinem schlesischen Dorf und wuchs unter dem Kreuzfeuer haßerfüllter Blicke, als ein von allen verachteter Bastard auf. Das Geschlecht ungewollter und ungeliebter Kinder, deren Körper man wusch wie Tische oder Bänke, war um ein Glied vermehrt worden, das so werden sollte wie sie, kalt, gefühllos und erstorben: um mich. Wie sehr all die Frauen vor mir ihr Glück und die Erfüllung ihrer Sehnsüchte in den Armen unzähliger Männer noch suchten, sie sollten es nie finden. Allesamt waren sie schön. Gefährlich schön wie die Sphinxe, angebetet und unerlöst inmitten der Wüste.

Ein Jahr nach seiner Flucht wurde meinem Vater seine plötzliche Liebe zu Weib und Kind zum Verhängnis. Frankfurt hatte ihm kein Glück gebracht, seine Geliebte hatte sich erschossen. Allein und verlassen schrieb er in den Räumen seiner Wohnung an meine Mutter. Sie erwiderte diesen Brief mit einem verächtlichen Lachen. Er wolle uns beide holen, hieß es in seinem nächsten Schreiben, das ihr von einem Boten überbracht wurde. Ein genaues Datum für das Treffen in Schönefeld war vereinbart, er würde mit Tickets erscheinen, unter einem anderen Namen. Es wurde nichts aus diesem Plan. Unter den Händen meiner Urgroßmutter verkehrte er sich in sein genaues Gegenteil. Sie übergab den Brief dem Sicherheitsdienst, nicht meine Mutter war es, die ihn erwartete, und nicht sein Sohn. Meinem Vater wurde der Prozeß gemacht, eine Weile schrieb er ihr noch Briefe aus Waldheim, dann ließ sie sich von ihm scheiden.

Sie hatte ihn in einer Berliner Bar kennengelernt. Ihre Freundin hatte einen gutaussehenden jungen Mann entdeckt und sich in ihn verliebt. Jahre später, längst waren aus beiden Frauen erbitterte Feindinnen geworden, war es die einst Verschmähte, die ihn empfing und pflegte. Ein neues Leben sollte beginnen, sie zogen unter das Dach eines alten Hauses und heirateten. Wie weit zurück lag für beide die Vergangenheit, wie glücklich waren sie. Seine Frau brachte einen Sohn zur Welt, mein Vater fand neue Arbeit, ja er machte sogar Karriere.

Auch sein zweiter Sohn wuchs heran. Als er mit zweieinhalb Jahren weder sprechen noch laufen konnte, begann man die Ärzte zu konsultieren. Anfangs beruhigten sie, alles könne noch gut werden. Als ich später meinen Vater und seine Familie besuchte, was selten geschah, war es mein Halbbruder, der mich weder kannte noch erkennen konnte. Stets taumelte er mir lachend und jubelnd entgegen, stets lief ein dünner Faden Speichel aus seinem Mund, während ich mit Entsetzen, ja sogar mit Ekel bemerkte, wie sehr sich die Züge unserer Gesichter zu ähneln begannen. Jahrelang weigerten sich mein Vater und seine Frau, ihren Sohn wegzugeben, umso mehr, wie sein eigener Vater ihnen dafür sogar Geld bot. Für ihn, einen ehemaligen Offizier der Wehrmacht, war er unwertes Leben, früher hätte man ihn getötet. „Die Euthanasie war eine gute Lösung", pflegte er zu sagen. „Man muß zwischen Menschen und menschenähnlichen Wesen zu unterscheiden wissen." Am Ende seines Lebens wurde der Mund, der diese Sätze so oft zu mir gesprochen hatte, von Karzinomen zerfressen. Feste Nahrung konnte er nicht mehr zu sich nehmen, er verhungerte bei vollem Bewußtsein. Mit letzter Kraft schleppte sich mein Großvater zum Friedhof, er suchte sich einen Platz und erteilte genaue Anweisungen für sein Begräbnis, an dem ich nicht teilnahm.

Alle Mörder heißen Hans, so auch dieser.

„Ich schwöre beim Augenlicht meiner Mutter ...", rief er. „Tu ihr das nicht an", antwortete meine. Ich lag reglos und erstarrt in meinem Bett und lauschte mit klopfendem Herzen stundenlang ihrem Streit. Später in der Nacht hörte ich das leise Wimmern meiner Mutter und die Schreie, mit denen sie seine Schläge und Fußtritte, vor allem aber die gekonnten Boxhiebe in ihren Unterleib, erwiderte. Wie in vielen anderen Nächten hatte ich vor nichts mehr Angst, als irgendwann doch einzuschlafen. Solange ich ihre Stimme durch die dünne Wand zwischen den Zimmern hörte, wußte ich, daß sie am Leben war. Irgendwann in der Dämmerung drangen keine Geräusche mehr zu mir, nur ein Rauschen füllte meinen Kopf aus. Unablässig und für Jahrzehnte. Nach meiner ersten schweren Mittelohrentzündung fand meine Seele endlich einen Schutz vor den Stimmen, vor den Geräuschen der Schläge, vor allem aber gegen das dröhnende Schweigen, das auf die nächtlichen Mißhandlungen folgte. Meine Gehörgänge füllten sich im Wochentakt wieder und wieder mit wucherndem Fleisch, das mir jahrelang in über neunzig ambulanten Operationen mit winzigen Zangen herausgerissen oder mit verdünnten Säuren verbrannt wurde, bis mir schließlich während eines allerletzten Eingriffes der halbe Gehörgang sowie ein Stück meines Schädelknochens entfernt wurde.

Ich schob meine kalten Füße unter der Bettdecke hervor und ließ sie auf die eisigen Dielen gleiten. Ich ging am zerbrochenen Spiegel vorbei, über ein zerrissenes Kleid, in dem sich wie zum Hohn als allergrößte Täuschung ein Hauch von Parfüm, das mir *Mutter* signalisierte, hielt. Solange dieser Duft, und wäre es im allerletzten Winkel der Wohnung, schwebte, war sie nicht weit. Meist verschwand er erst, wenn sie wochenlang nicht mehr erschienen war. Aber selbst dann wußte ich mir einen Rat, eine winzige Tröstung. In irgendeinem Schrank oder einer Schublade fand ich einen ihrer Schals oder eine kleine Kette, die mich an sie erinnerten und die ich unter meinem Kopfkissen versteckte. Ich war fünf.

Auf einem zertrümmerten Sofa, durch dessen zerrissene Polsterung hölzerne Latten drangen, erblickte ich sie. Ihr Kopf hing zu Boden, die Knie lehnten gegen die Wand. Über den nackten Körper hatte sie einen Zipfel des weißen Tischtuchs gezerrt, das ebenso wie ihre Haut mit Blut besprenkelt war. Ich beugte mich über sie und versuchte, sie zu wecken, aber ich konnte ihr nichts als ein Lallen, einen Seufzer entlocken. Einmal versuchte sie, ihre geschwollenen Augen zu öffnen, bevor sie sich zur Seite drehte. „Kauf dir ein Eis“, ächzte sie.

Das Aquarium füllte das Zimmer mit grünem Licht und dem Klang der in beständigem Strahl zur Oberfläche des Wassers dringenden Luftperlen. Über den Rand des Bettes hing der schwere Arm meines Stiefvaters, aus dessen halbgeöffneter Hand der Rauch einer Zigarette in die Höhe des Raumes emporstieg.

Am nächsten Morgen kaufte ich Make up für meine Mutter.

Am nächsten Morgen kaufte ich Buttermilch für meinen Stiefvater. Am nächsten Morgen brachte ich beides an das Bett, in dem sie lachend nebeneinanderlagen. Am nächsten Morgen löste ich den Gummistopfen aus dem Waschbecken, um die Kotze abzulassen. Am nächsten Morgen, Jahre danach, einem Morgen wie seit Jahren, mußte ich nicht zur Schule, um Make up für die Blutergüsse meiner Mutter und Buttermilch für den Magen meines Vaters vor den Bettrand tragen zu können. Am nächsten Morgen kaufte ich mir ein Eis. Am nächsten Morgen ging ich spielen, ohne meine Schulkameraden. Am nächsten Morgen, wie an jedem Morgen, endete meine Kindheit, an diesem Morgen, während der Gestank aus den nahen Kabelwerken durch die Straßen zog, während der Rauch aus den Schornsteinen quoll und die Fassaden der Häuser zerfraß, an diesem Morgen, während die Studenten in Hamburg, in Paris, an diesem Morgen, in Detroit ihre Spruchbänder entrollten, an diesem Morgen, während mein Stiefvater die Schenkel meiner Mutter auseinanderriß, an diesem Morgen starb ich.

Alle Mörder heißen Hans.

Wortlos und mit zitternden Händen schnitt meine Mutter das Brot. Einige Sekunden versuchte sie in fliegender Hast, um rasch wieder in die Wärme des Bettes fallen zu können, die eiskalte Butter vom Block zu kratzen. Als es ihr nicht gelang, schnitt sie mehrere Scheiben und trug sie auf das Brot. Sie eilte mit bloßen Füßen über das graue Linoleum, um im kleinen Schrank neben dem Fenster nach dem Käse zu kramen. Unter meinen haßerfüllten Blicken stapelte sie Butterbalken auf Brotbalken, Käsebalken auf Butterbalken und Brotbalken, ließ eine Schicht Butterbalken folgen und schloß den Turmbau zu Babel mit einer Brotplanke. Sie umknüllte das, was einer Deichbefestigung ähnelte, mit jenem Papier, das ursprünglich zum Einwickeln von Butterbroten, schönen dünnen Butterbroten, ersonnen wurde. Sie taumelte an mir vorbei und verschwand.

Simones Gunst erwies sich darin, mir zu gestatten, sie ab und an zur Schule begleiten zu dürfen, jedoch nur bis zum Tor. „Sie ist noch nicht fertig“, sagte ihre Mutter und schleuderte die schwere Wohnungstür vor meiner Nase ins Schloß. Vor dem großen Fenster des Treppenhauses wartete ich. Es pendelte mir leise knarrend entgegen, und durch das Quadrat strömte die kalte Luft. „Das ist verboten“, rief eine alte Frau aus dem gegenüberliegenden Haus. Ich schaute zum Himmel hinauf, stellte meinen Ranzen in das Fenster und öffnete ihn. „Zumachen!“ krähte sie. „Maul halten!“ Das erste Butterbrot flog ihr entgegen. Unaufhörlich gebar der Ranzen verschimmelte, vertrocknete, gewölbte, fettige Pausentürme. Pausenturm im Rhododendron. Pausentürme in den gammelnden Tulpen. Das Knabenhirn registrierte die Bilder eines mit Butterbrotplanken verzierten Hofes und zerlegte sie in die differierenden Gefühle Schuld und Genugtuung.

„Votze, Votze, Votze“, brüllte ich.

Stundenlang, manchmal schon vom Nachmittag an bis weit in die Nacht hinein, lag ich wach im Bett. Bevor die Dämmerung fiel, schwollen die Schreie der hoch am Himmel taumelnden Schwalben zu einem durchdringenden Kreischen an, das von den Mauern des Hofes prallte. Endlos und glühend ging die Sonne unter, die Vögel verstummten, und der Abend begann. Ich wartete reglos auf den Klang des schweren Hoftores. Es schlug, ich richtete mich auf und blickte in den Hof. Enttäuscht sah ich einige Fremde, einige Nachbarn. Dann wurde es still. Spät in der Nacht erwachte ich, in allen Räumen der Wohnung schaltete ich das Licht an. Voller Panik suchte ich nach ihr und fand nur die Stille. Sie war verschwunden; wie so oft zuvor hatte ich sie beobachtet. Meine Mutter hatte sich ihre Lippen nachgezogen, in überstürzter Eile strich sie ihre Strümpfe glatt. Sie zündete sich eine Zigarette an. Sie warf den Mantel über ihre Schulter. Nein, ganz bestimmt würde sie wiederkommen, sie versprach es mir wie so oft zuvor, und wie in vielen anderen Nächten brach sie das Wort. Wie lang war es her, daß sie das Haus verließ, daß das Geräusch sich entfernender Schritte zu mir gedrungen war. Sie war nicht wiedergekommen, sie war nie wiedergekommen, manchmal ließ sie mich für Wochen allein. Ich kniete auf meinem Bett, ich riß das Fenster auf und schrie in der Dunkelheit nach ihr, bis meine Stimme versagte oder eine der alten Frauen an die Tür klopfte. Ich solle mir meine Hausschuhe anziehen, sie nahmen mich in den Arm, sie trugen mich in ihre Wohnungen, sie legten mich in ein Bett und blieben an seinem Rand sitzen, bis ich einschlief. Was nützte all das Licht in der Wohnung gegen die Dunkelheit vor dem Fenster?

Alle Mörder heißen Hans. Die Liebe trägt andere Namen:

Nach drei Monaten zog ich zu ihm. Meine Wohnung in der Yorckstraße gab ich auf. Ein halbes Jahr hatte ich in ihr gelebt und gearbeitet, hoch über den stillgelegten Gleisen, die noch immer auf Brücken die Straße überqueren. Gemeinsam richteten wir uns in der Eisenacher Straße ein, dicht am Rande des Bayerischen Viertels. Der Teppich paßte genau in sein Arbeitszimmer, in meinem schliff ich die Dielen ab. Oft stritten wir bis in den Morgen, er las meine Arbeiten, wir kochten zusammen. Und wir liebten uns. Jeden Abend liefen wir gemeinsam durch die Straßen, manchmal tranken wir in einer der vielen Bars. Wir waren ein Paar, von den Freunden beneidet.

Eines Abends mochte ich ihn nicht begleiten. Ich war müde und wollte lesen. Es mache ihm nichts aus, versicherte er mir. Für mein besorgtes Gesicht hatte er ein Lächeln, es wäre kein Abschied für immer, nur einer für Minuten. Er wickelte sich einen seiner unmöglichen Schals um den Hals. Er umarmte mich. Er gab mir einen flüchtigen Kuß. Er schüttelte belustigt den Kopf und verschwand.

Langsam ging ich durch die Zimmer. Hin und wieder ertappte ich mich dabei, wie ich gedankenlos auf unsere Bilder und Bücher starrte und auf das Zifferblatt der Uhr, deren Zeiger es rasend umkreisten. Stunden waren vergangen. Ich erschrak, noch war er keine fünf Minuten fort.

Vor der Haustür begegnete mir ein Bekannter. Verwundert fragte er mich, warum ich in der Kälte und ohne Mantel stünde. Nein, ich hätte meine Schlüssel nicht vergessen, sondern mir lediglich Zigaretten aus einem Automaten gezogen. Er solle sich keine Sorgen machen, beteuerte ich, es ginge mir gut. Ich blickte ihm hinterher, bis seine Gestalt hinter dem Brunnen des Barbarossaplatzes verschwand.

Er legte mir seinen Schal um die Schultern. „Du bist eiskalt." Ich hätte Zigaretten gekauft, log ich. Skeptisch schaute er mich an und goß sich einen Whisky ein. „Hast du auf mich gewartet?" fragte er. „Ich hatte Angst um dich." Erschöpft setzte ich mich an meinen Schreibtisch. Vor meinen Augen tanzten rote Lichter. Was hatte ich mir nur dabei gedacht? Vor mir erschien das Bild eines kleinen Jungen. In einer klaren Frostnacht, bekleidet nur mit einem Pyjama, wartet er in einer Straße auf jene

Frau, die nie erschien. Immer öfter verschwand sie, mitunter in der Nacht oder am Tage, so daß ich vergeblich versuchte, sie inmitten der vielen Arbeiterinnen zu entdecken, die aus dem Fabriktor zu den Straßenbahnen liefen. Andere Kinder wurden von ihren Müttern an die Hände genommen, umarmt oder geküßt. Irgendwann wurde die Straße still, ein Pförtner schloß das Tor, das in den Angeln schrie. Ich trottete allein nach Haus.

Ich hatte sie bestürmt, ihn zu verlassen, weggehen sollten wir, gemeinsam, sie und ich Hand in Hand. Sie war zu schwach dazu. Oft schon gegen Mittag fand ich sie in einer Kneipe, aus deren Tür der schale Geruch von abgestandenem Bier und kaltem Rauch drang. Sie gaben mir Geld, ich sollte mir etwas zu essen kaufen. Sie hatten mir einen Hund geschenkt, damit ich nicht immer so allein wäre und einen Kameraden hätte. Voller Sorge saß ich neben ihnen, Stunde um Stunde, umgeben vom Gebrüll der Trinker, und beobachtete, wie ihr Blick sich trübte. Am Abend verließ ich sie. Später kehrten beide heim.

Meist hörte ich aus ihren ersten Worten, wie es um sie stand. Es stand schlecht um sie. Noch immer sehe ich ihre Verzweiflung, als sie mit weitaufgerissenen Augen besinnungslos auf meinem Bett zusammensank. Wieder und wieder sehe ich die Tür zu meinem Zimmer aufspringen. Er folgte ihr, er schlug sie und zerrte sie an den Haaren fort. Starr vor Entsetzen höre ich ihre Bitte. Schreie.

Ratlos starrten mich die Polizisten an. Wie alt ich wäre, fragten sie, ob ich das ganze nicht nur geträumt hätte. In einem ihrer Wagen fuhren sie mich nach Hause. Meine Eltern wurden ermahnt. Eine Uniform erschien über meinen Augen. Ich sollte nun schlafen. Aus einer Ecke kam mein Hund zu mir gekrochen.

Einmal hatten sie ihn weggegeben, er wäre nun bei lieben Menschen und es ginge ihm gut. Ich weigerte mich zu essen und erfuhr nach Stunden ihre Adresse. Mein Hund würde jetzt ihnen gehören, hieß es, ich riß ihn an mich und stürmte fort. Bis zum Abend meines zwanzigsten Geburtstages schleppte ich ihn durch alle meine Exile. Im hohen Alter erfaßte ihn heftige Leidenschaft für heranwachsende weiße Zwergpudelrüden. Als seine zunehmende Gebrechlichkeit seinem morbiden Treiben ein Ende setzte, entdeckte er noch kurz vor seinem Tode die

Wonnen von Milchschokolade mit ganzen Nüssen, die er sich selbst auf absonderlichen Wegen zu beschaffen wußte. An seinem letzten Morgen kroch er mir wie eine Robbe hinterher, auch seine Nieren versagten schließlich. Meinen Gästen bedeutete ich zu feiern. Ich trug ihn hinaus.

Ich war allein mit dem Mann. Er hatte für mich gekocht, in einem großen Topf siedete Wasser und er trug ihn zum Becken. Er wisse nicht, wann sie zurückkehren würde, ich solle mich nun waschen. Wie besorgt konnte mein Stiefvater um mich sein, wie zärtlich sogar. Er lächelte und streichelte meine Wangen.

Im Wohnzimmer erwartete er mich. Er löschte das Licht. Das Aquarium füllte den Raum mit grünem Schimmer und dem Klang der in beständigem Strahl zur Oberfläche des Wassers dringenden Luftperlen. Er drückte seine Zigarette aus. Ich beugte mich über ihn und gab ihm einen Kuß. Ich könne diese Nacht bei ihm schlafen, sagte er und schlug die Decke auf. Ängstlich legte ich mich neben ihn. Ich wendete mein Gesicht zur Seite und beobachtete die Fische. Er rückte näher zu mir. Er schlang seinen Arm um meinen Körper und preßte mich an sich. Ich hörte seinen schweren Atem, roch seinen Schweiß. Ich spürte die Haut seiner Beine. Seine Hand strich über meinen Bauch. Ich solle schlafen, schlafen, flüsterte er. Er habe mich lieb. Sein Arm hielt mich fest. Schwer lag seine Hand auf meiner Brust. Ich solle keine Angst haben, er würde sich um mich kümmern. Ein Fisch verschwand unter einer Wurzel. Er schob ein Knie unter meinen Körper. Er schwitzte. Ein Fisch verschwand zwischen den Pflanzen. Sein Arm gab mich frei. Ich lauschte seinem Atem. Er schlief. Vorsichtig rückte ich von ihm ab. Immer weiter, geräuschlos und beständig. Seit jener Zeit von ihnen allen.

„Die Heimat hat sich schön gemacht und Tau glänzt ihr im Haar", sangen wir. In der Mitte des Schulhofes stieg die Fahne empor. Der Direktor redete. Ein Lehrer redete. Walter Ulbricht würde sich um uns alle kümmern. Die Menschengemeinschaft. Der Faschismus, die NATO, die Fische, die Fahnenstange. Auch im Bett meines Onkels hatte ich schlafen dürfen. Ich erwachte neben ihm. Erschrocken schloß er die Augen. Ich sah sein erigiertes Glied. Ich konnte mein Wasser nicht halten. AlleAngriffe des Klassenfeindes würden erbarmungslos abgeschmettert werden. Voller Ekel sprang mein Onkel aus dem Bett. Die Fahne klirrte im schneidenden Wind. „Thälmann ist niemals gefallen, Stimme und Faust der Nation.“ Eine Schalmei ertönte. Hinter der Essensbaracke stellte sich meine Klasse in zwei Reihen auf. Ich ging hindurch, Hände und Füße trafen mich, weil meine Wäsche schmutzig war, weil meine Mutter das Milchgeld nicht bezahlte, weil meine Aufsätze die besten waren, meine Zeichnungen die schönsten, meine Stimme die höchste. Sie prügelten mich bis vor die Haustür. Rauch quoll aus den Schloten an den Docks. Warum wir unsere Heimat so lieben, schrieben wir im Deutschunterricht. Ich schreibe in deutsch, ich schreibe von Deutschland. Bis auf den heutigen Tag.

Mit unseren Taschen liefen wir durch die Straßen. In aller Eile hatte meine Mutter Hosen, Schuhe, Strümpfe aus den Schränken gezerrt. Seine Fäuste donnerten gegen die verschlossene Tür. Meine Mutter öffnete das Fenster, warf die Taschen hinaus, meinen Schulranzen und ihren Pelz. Sie hielt sich am Fensterbrett fest und ließ sich in den Hof hinabgleiten. „Spring, so spring doch!“ schrie sie. Das Holz der Tür splitterte unter seinen Schlägen, und sein Fuß drang durch die Füllung. Fasziniert starrte ich zum anderen Ende meines Zimmers. „So spring doch!“ schrie meine Mutter und streckte mir ihre Arme entgegen. Einige Meter vor dem Haus blieb sie stehen und streifte sich die Schuhe von den Füßen. Da sie keine Hand freihatte, warf sie die Pumps zur Seite. Sie riß mich hinter sich her und sprang vor ein Auto. „Nur bis zur nächsten Ecke. Nun fahren Sie schon!“ befahl sie.

Ihre Freundin öffnete. Beide Frauen umarmten sich. Sie lachten und tanzten. Ein kleiner Schrank wurde für mich geräumt. Ein Bett bezogen. „Gleich sind sie weg“, sagte er. Atemlos sahen wir die Konturen unserer Mütter durch das Glas der Tür, die sein Zimmer von der Diele trennte. Beide Frauen steckten ihre Köpfe zu uns hinein. „Sie schlafen“, flüsterte meine Mutter. Leise schloß sich die Tür der Wohnung hinter ihnen. „Heute kommst du in mein Bett“, sagte er. „Ich bin gestern schon gekommen“, erwiderte ich, „heute kommst du.“ Er leckte an meinem Ohr. „Heute ziehst du deine Hose aus“, sagte ich. „Das dürfen wir nicht“, flüsterte er, „aber nur bis zum Knie.“ – „Ich hab sie gestern ganz ausgezogen“, sagte ich. Ich leckte an seinem Hals, an seiner Brust. Zwei Pyjamahosen flogen auf den Teppich. Er steckte einen Finger in den Mund und streichelte mit ihm meinen Bauchnabel. Ich legte mich auf ihn, ließ mich von ihm rollen, und er legte sich auf mich. Eng umschlungen schliefen wir ein. Spät in der Nacht flammte das grelle Licht an der Zimmerdecke auf. Ich saß auf dem Bettrand und meine Mutter versuchte, die Pyjamahose über meine Beine zu ziehen. Ihre Freundin trug ihren Sohn in sein Bett zurück. „Sie sind böse", raunte er. Meine Mutter nahm die Taschen und verabschiedete sich von ihrer Freundin. „Ich will nicht zurück", heulte ich. An der nächsten Ecke hörte ich seine Rufe und blieb stehen. „Ich schenke sie dir", sagte er und gab mir seine Mütze. Ich trug sie, bis ich sie verlor.

Um sich mit ihr zu versöhnen, brachte er ihr Fische. Meine Mutter säuberte sie, panierte sie und ließ ein großes Stück Butter in der Pfanne zerlaufen. Ein betörender Duft lockte den Mann in die Küche. Wie gut sie doch riechen würden, sagte sie. Er beugte sich tief über die Pfanne. Mit einer hastigen Bewegung des rechten Armes riß sie den Tiegel empor. Er brüllte, taumelte blind durch die Küche. Er versuchte, sie zu fassen, aber sie schlüpfte an ihm vorbei, zur Tür hinaus, hinaus zur Straße. Ich sah sie nicht wieder, in Jahren nicht.

Welche Töne zauberten einst ihre Hände aus dem Instrument hervor, einst, vor langer Zeit. Wie schön sie damals war, am Klavier, mit gelöstem schwarzen Haar. Mit weit offenem Mund stand ich dabei. „Machst du heute wieder Musik?" hatte ich damals gefragt. „Wenn du artig bist", antwortete sie. Damals, als das Wünschen noch geholfen hat, damals, als es Bach gab, oder Mozart, oder Chopin. Damals, als überall Noten und Bücher umherlagen, damals, als die Menschen noch lachten. „Guten Abend, gute Nacht, mit Röslein bedacht, mit Näglein besteckt, schlupf unter die Deck'. Morgen früh, wenn Gott will, wirst du wieder geweckt, morgen früh, wenn Gott will, wirst du wieder geweckt." Der Hund legte sich mir zu Füßen. Ich trat einen Schritt zurück und stieß ihm den Schuh in die Flanke. Er verkroch sich unter dem Bett. „Morgen früh, wenn Gott will." Ich sollte sie nicht wiedersehen. Ihr Mörder hieß Hans.

Dann kam die Liebe. Es gab Menschen, gütige ältere Menschen, mit Kassengebissen kauten sie ihre Nahrung, den riesigen Strom von Brot, Milch und Schinken, von Gebäck und Schokolade, der aus dem Westen, dem verhießenen Land, zu uns quoll. Sie hatten mich angenommen, mich zu sich genommen, mich aufgenommen. Die Eltern meines Stiefvaters. „Der Junge soll nicht leiden müssen." Sie kauften mir saubere Socken im Terra incognita, im KaDeWe, bei Wertheim und bei Tietz. Magische Namen des Schönen, des Duftenden, alles was von da kam und was sie durch die stinkenden Katakomben des Bahnhofs Friedrichstraße für mich heranschleppten, duftete so gut, war so schmuseweich und in glänzendes Papier gewickelt. Alles war da, alles war warm und weich und sanft. Immer war Weihnachten, immer gab es Geschenke, Indianer und Reiter, die Soldaten der Konföderierten, die Yankees mit ihren dunkelblauen Uniformen, eine Postkutsche, kleine Kanonen, mit denen ich unter den Yankees wundervolle Gemetzel veranstaltete, sogar ihre Köpfe konnte man abreißen. Es gab LEGO und Frolic, LEGO für mich und Frolic für den Hund, wir konnten es beide kaum fassen und wurden fett. Die Kunstgebisse lächelten, der angenommene Sohn, der nicht mehr leiden sollte, ein so liebes Kind. So dankbar bei jedem Happen, angenommen, bei jedem Keks, aufgenommen, bei jedem Yankee, zu sich genommen. Dankbar für Gnade und Gott und Kekse.

„Daß du nur nicht so wirst wie deine Mutter!"

„Deine Mutter ist schlecht!"

„Wenn deine Großeltern nicht wären, wärst du in ein Heim gekommen!"

„Das darfst du ihnen nie vergessen!"

„Wie schmutzig du warst, als du hier ankamst!"

„Bei allem, was du tust, darfst du nie vergessen, was sie für dich tun!"

„Du darfst ihnen nie ein Leid antun!"

„Du hast großes Glück gehabt!"

„Du wirst immer frecher!"

„Dafür haben wir dich nicht aufgenommen!"

„Wir können dich immer noch in ein Heim geben!"

„Als wir dich zu uns nahmen, haben wir nicht geahnt, daß du einmal so wirst!"

Ich hatte mir wieder mal ein Buch gekauft. Ich wollte meinen Salat nicht essen. Ich wollte spielen gehen. Ich las zu viel. Ich wollte nicht abwaschen. Den Mülleimer erst morgen runtertragen. Ich wollte nicht jede Woche die Fenster putzen, jede Woche die Teppiche shampoonieren, nicht jede Woche die Messingklinken putzen, nicht jede Woche das Bleikristall wienern, die Dielen wienern, das Eichenbufett wienern.

Sonntagmittag: Pflegestiefgroßmutter will Kekse. Angenommenes Kind fährt mit der U-Bahn zum Intershop an der Schillingstraße. Pflegekind apportiert Kekse. Sonntagnachmittag: Stiefgroßpflege will Kirschlikör Marke Bols. U-Bahn zur Schillingstraße. Stiefbote holt Bols. Sonntag um vier: Gäste kommen. Oma und Gäste hecheln nach Obsttorte. Tortenböden, Tortenguß und Pfirsiche gibt es im Shop. Stiefkind hat keine Lust, Stiefkind wird vom U-Bahnpersonal schon mit Handschlag begrüßt, Stiefkind im Shop wahrscheinlich schon observiert (Kennwort Tortenboden). Stiefkind sagt nein. Oma entpuppt sich als Stiefmutter.

„Damals hätten wir auch nein sagen sollen!"

„Vergiß nie, daß du nicht ihr richtiger Sohn bist!"

„Nicht einmal ihr richtiges Enkelkind!"

„Du wirst deiner Mutter immer ähnlicher!"

Die Köpfe der Tanten pendelten vor meinen Augen. Gebisse schnappten. Stimmen zischten. Kind schnurrt sich zusammen. Kind kuscht. Kind fährt. Kind kauft Torte. Kind geht in Küche und kocht Guß. Legt Pfirsiche auf Kennwort Tortenboden. Kippt Guß auf Pfirsiche. Kind muß Fön nehmen, Schalter auf kalt, damit Guß schneller starr wird. Tanten wollen Torte. Guß bleibt matschig, Kind wird starr.

„Fein hast du das gemacht!"

„So gefällst du uns!"

„Erinnert ihr euch noch daran, wie wir erst einmal die Borke von seiner Haut schrubben mußten?"

Ich hatte sie nicht wiedergesehen.

An einem Nachmittag Anfang der 70er Jahre verließ sie die Wohnung, einige Tage verbrachte ich ohne sie dort, allein mit meinem Stiefvater. Wir sprachen nicht miteinander, stundenlang saß er vor dem Fernseher, ich saß, gelähmt vor Furcht. Er brachte mich zu seinen Eltern, bei denen ich oft schon gelebt hatte an den Wochenenden, in den großen Ferien, die wir meist in ihrem Garten am Rande der Stadt, umgeben von Feldern und

Blumen, verbrachten. Voll stand der Phlox, schwer trugen die Bäume an ihren Früchten, Falter flogen, überall nisteten die Vögel, Wespen gruben tiefe Löcher in die im Gras liegenden Birnen und Äpfel, und der Goldregen bewegte sich im Wind. Am frühen Morgen regnete es, der Garten duftete, er dampfte, ich ging auf die Straße hinaus und spürte die heißen Pflastersteine unter meinen Füßen. Kein Auto fuhr, es war still und gut.

Schon lebte ich ein ganzes Jahr bei meinen Großeltern, mitunter erreichten mich einige Nachrichten von meiner Mutter. Sie war gesehen worden in den verschiedenen Bars der Stadt und in häufig wechselnder Begleitung. Mein Stiefvater, der noch immer mit ihr verheiratet war, berichtete von ihren Auftritten, wenn er seine Eltern besuchte. Ich versteckte mich vor ihm hinter einem Sessel und erwartete den Augenblick, an dem er sich verabschiedete. Dann begannen die Erwachsenen zu tuscheln, sie verbargen ein Geheimnis vor mir, und sie eröffneten es. Meine Mutter habe etwas Schreckliches getan, die Polizei habe sie geholt, aber, so hieß es, sie habe sich bei ihrer Verhaftung tapfer gezeigt. Sie selbst habe die Männer gerufen, ohne ein Wort der Klage wäre sie ihnen gefolgt.

Ein ganzes Jahr noch fuhr ich in meine alte Schule, jeden Morgen vorbei an den riesigen Hallen des Klingenberger Kraftwerkes. Nach einiger Zeit wurde ich von der Fahrerin der Straßenbahn gegrüßt, ja sie gestattete mir sogar, die Tür zu ihrer Kabine zu öffnen, und sie zu beobachten, wie sie sicher und geschickt die Knöpfe und Räder bediente. Die Erwachsenen verließen am Elektrizitätswerk die Wagen, zwei Stationen war ich mit ihr allein, und sie erzählte mir von ihrem Leben. Dann mußte auch ich den Wagen verlassen, ihre Linie endete dort. Kreischend fuhr der Zug eine Schleife. Mich indes grüßte sie mit einem langen Läuten der Glocke.

Ich war das tote Kindchen. Aber Gott öffnete das Grab, er ließ es auferstehen und übersandte meiner Großmutter einen Bogen Papier, auf dem geschrieben stand, daß er es ihr niemals mehr entreißen würde. „Der Herr ist mein Hirte“, sagte sie oft. „Mir wird nichts mangeln.“ Ja, er weidete sie auf grüner Aue, er führte sie sogar zu frischem Wasser. Aber sein Stecken und Stab trösteten sie nicht.

Ihr erster Mann war zwanzig Jahre älter. Ringsum zerstörte

die Wirtschaftskrise das Land. Er verdiente gut, und ihre Eltern konnten nicht verstehen, daß sie sich von ihm scheiden ließ. Es war für jene Zeit etwas Ausgefallenes, an dem die Menschen Anstoß nahmen. Das Kind, das sie von ihm empfangen hatte, wuchs heran.

Ihren nächsten Mann liebte sie, es war eine herrliche Zeit. 1939 gebar sie ihren zweiten Sohn, aber der Krieg zerstörte ihr Glück. Anfangs sahen sie sich noch, er brachte seidene Strümpfe, seidene Wäsche und edle Parfüms bei seinen gelegentlichen Heimaturlauben mit. Als er in Holland stationiert war, zumeist in Scheveningen, schickte er Kaffee und Käse. Es war eine glückliche Zeit, denn die Strümpfe paßten. Als er aus dem Krieg heimkehrte, gab es keine Medikamente, die die Bakterien in seiner Lunge getötet hätten. Meine Großmutter pflegte ihn. Einmal noch bäumte er sich in ihren Armen auf, er schrie nach Luft und vergeudete sie in diesem letzten Ruf.

Ein anderer warb um sie. Auf unergründlichen Wegen durch die Trümmer trug er Nahrung herbei, sogar Milch für die Kinder, Schuhe und Holz. Vielleicht dachte sie an ihre beiden Söhne, als sie ihm inmitten der Ruinen ihr Ja gab. Sie wolle ihn lieben und ehren. Sie würde ihn hassen und verachten. Das Kind, das in ihrem Leib zu strampeln begann, wurde still, es sollte ihr Lieblingssohn werden. Um die Mutter zu retten, riß man das verwesende Fleisch aus ihrem Leib. Man warf es in einen Kübel. So wurde die ganze Welt sein Grab. Obwohl mein Großvater an diesem Tod nicht schuldig war, verzieh sie ihm niemals mehr. Ob er sie in die Arme nahm oder sich abwendete, was spielte es für eine Rolle. Mit ihrem Kind, das sie in meinem Beisein noch als Greisin beweinte, war sie gestorben. Aber Gott hatte ein Einsehen, er erhörte ihre Rufe und gab ihnen nach. Gott war klug, zuerst sperrte er meine Mutter in die Feste Hoheneck, das Kind aber sandte er der Ruferin.

Als ich das erstemal bei ihr übernachtete, zog sie den Graben. Zehn Jahre hatte sie sich meinem Großvater verweigert, seit ihrem fünfzigsten Geburtstag. Die Tatsache, daß er sie in diesem Alter immer noch begehrte, schockierte sie, wenigstens gab sie es vor. Mit meinem Erscheinen witterte sie die Chance, ihn aus dem Ehebett, dem kältesten Paradies, das er je durchquerte, in die Fernen des Wohnzimmers auf eine knarrende Couch verbannen zu können. An ihrer Seite würde ich besser schlafen, sagte sie, ich schlief an ihrer Seite, für immer.

Nacht für Nacht legte sich ein verdorrender Körper neben mich. Bis zu meinem fünfzehnten Lebensjahr. Weder in ihrem Bett noch in den Winkeln der Wohnung war ich vor ihren lüsternen Blicken sicher, mit denen sie das Erscheinen meiner Achselbehaarung bespitzelte. Lauthals und im Triumph ihrer wiedererwachten Lust, berichtete sie ihren Freundinnen die Details meines Wachstums. Am Strand von Binz hob sie meinen rechten Arm empor, um ihnen einen Blick auf die ersten Anzeichen meiner Männlichkeit zu gestatten. Am liebsten hätte sie mir die Badehose heruntergerissen. Mir schossen Tränen der Wut in die Augen, die sie mit einem animierten Lachen quittierte, das mich bis hinter die letzten Villen verfolgte.

„Ist er nicht süß?“ wendete sie sich an ihr Gefolge aus altem Fleisch. Sie verhöhnte das Alter selbst. Nicht eine Sekunde wollte sie den Anblick meiner glatten Haut missen, der sie mit einem Strom von Energie versorgte. Ob ich mich wusch oder meine Wäsche wechselte, ob ich mich zur Nacht umkleidete oder in die Toilette ging, ihre Blicke verfolgten das, was ihr gehörte. Während die Siebzigjährige die Westberliner Kaufhäuser nach hautengen Slips für mich abgraste, gaukelte ihr Chronos das Gefühl der Ewigkeit vor. Als meine Verwandten ihr anrieten, die Betten auseinanderzurücken, empfing sie sie nicht mehr. Erst als man es ihr befahl, bewilligte sie unter stummem Protest einen halben Meter.

In diesen Riß stürzte das Alter. Nässende Flechten und Eiterblasen breiteten sich auf ihr aus. Tag für Tag häufte sie Teer und Zinksalben in diese Kraterlandschaft. Sie ging nicht mehr auf die Toilette, sondern zog es vor, einen Nachttopf zu benutzen. Während ich sie entsetzt beobachtete, hob sie mit seligem Lächeln ihr Hemd in die Höhe und präsentierte mir ihre Scham, aus der mit leisem Singen stinkender Urin in den Topf fiel. Ihre ledernen Brüste, deren Anblick mich ein für allemal von den Frauen, die mir später begegnen sollten, abstieß, brachten keine Milch mehr hervor. Mir blieb ihr Harn, den ich in einer weißen Monstranz aus gebrannter Emaille zur Toilette tragen mußte. Sein Geruch hing in der Wohnung wie der Rauch über einem Schlachtfeld. Während andere Kinder über weiche Teppiche schritten, klebten an meinen Fußsohlen die Hautfetzen ihrer Schuppenflechte. Auf seltsamen Pfaden krochen sie zwischen das Geschirr und die Wäsche, sogar bis in den Kühlschrank.

Als deutsche Frau war sie auf Effizienz bedacht. Ich war nicht nur das tote Kindchen und der späte Born ihres unerhofften Entflammens, sondern zugleich ihr Diener.

Erhob sie sich aus dem Gebirge von Kissen, das sich unter ihrem roten Haar türmte, war auch meine Nacht beendet. Ein nicht endenwollender Arbeitstag begann. Mit messerscharfen Kanülen mußte ich die eitrigen Blasen unter ihren Fußsohlen öffnen. Erst danach gelang es ihr unter ungeheuren Schmerzen, durch die Wohnung zu wanken. Befand sich an den Tomaten, die sie als Salat verspeiste, auch nur ein Zipfelchen Haut, drohte sie damit zu sterben.

Das Geld, das aus den Kassen des Westberliner Senats in Form einer Pension zu meinem Großvater gelangte, eroberte sie in zähen Kämpfen, die auf beiden Seiten wochenlanges Schweigen hervorriefen.

In der Mitte der Wohnung verlief nicht nur die Grenze der ehelichen Libido, sondern auch die der Sprache. Hätte Gott das Schweigen noch einmal erfunden, so hätte sie ihm das Copyright streitig gemacht. Aber Gott zog es vor, sich in keinen Kampf mit dieser Hyäne einzulassen. Er hatte sich längst resigniert vor dieser Familie in den letzten Winkel seines Alls verkrochen.

In einem armen Land gebot sie über beträchtliche Summen, die ihr zusätzliche Macht verliehen. Als sie später zu schwach war, das Haus zu verlassen, dehnte sie ihr Terrorregime noch aus. Die Mindestrenten ihrer Nachbarinnen sorgten für Gehorsam. Ein halbes Pfund Kaffee genügte, damit sie für diesen Bakschisch aus den westlichen Arsenalen die Artillerie für die Tyrannin herbeischleppten. Das östliche Brot erklärte sie rundheraus für ungenießbar. Das falsche Kastanienrot durfte nicht einmal östlichen Boden berühren, bevor es in ihr Haar gelangte. Eine Friseuse mußte ihr an drei Abenden der Woche im Kampf gegen den Verfall zur Hand gehen.

Die Ärzte kamen ins Haus, die Lieferanten, sie alle, durch Mangel entwürdigt, bestätigten ihr schon für ein Stück Seife, die Güte und Mildtätigkeit in Person zu sein.

In einem nicht endenwollenden Stahlgewitter aus Krieg, Revolution, Inflation, Kapp-Putsch, Nazizeit, Nachkrieg und Mauerbau war sie hart geworden wie das Schwert eines Samurei. Ohne von der Kraft des Geistes angekränkelt zu sein, hob sie es jedem, der ihr begegnete, an die Kehle. Mich aber belehrte sie über die sogenannte Würde und Schwäche des Alters ein für allemal eines Besseren. Erst Jahre später, als man ihre Überreste in eine Urne sperrte und diese fest verschloß, zerfiel ihr Imperium. Noch stand mir ein halbes Jahrzehnt des Bagnos bevor, das meine Jugend verschlang.

Ihre panische Angst, vom Tropf ihrer späten Blüte gerissen zu werden, erfuhr neue Nahrung in Gestalt einer verschlissenen Matrone. Sie näherte sich meiner Großmutter mit Nachrichten ihrer einzigen potentiellen Feindin. Auf direktem Wege war diese Frau, nachdem sie das Zuchthaustor passiert hatte, zu uns gekommen.

Erst als sie beteuerte, keine Mörderin zu sein, sondern nur die Kasse einer Tankstelle geplündert zu haben, ließ meine Großmutter sie das Tor *ihrer* Anstalt betreten. Für einen Diebstahl hatte diese Messalina allemal Verständnis. Es war eine läßliche Sünde.

Während ich Kuchen und Kaffee apportierte, berichtete sie von meiner Mutter, die von allen guten Geistern verlassen gewesen sein muß, sich auch nur zu mucksen. Nun, nach Verbüßung der Hälfte ihrer Strafe, sollte ich ein Gnadengesuch schreiben. Die Bitte des Sohnes um die Freilassung der Mutter sollte es krönen und ihm die nötige Würze der Heuchelei geben.

Bereits in diesem Augenblick muß meine Großmutter ihre grauen Zellen zur Eile getrieben haben. Sie zwang mich mit dem Hinweis auf die „Stimme des Blutes“ an meine Schreibmaschine. Während ich von ihr bewacht wurde, füllte sich das Papier Zeile um Zeile mit verlogenem Gewinsel.

„Wissen Sie überhaupt, was Ihre Mutter getan hat?“ fragte der Mann, der nicht nur in ihrem Falle für die Höchststrafe plädiert hatte. Ich wußte es. Als sie die hundertste Vergewaltigung, die sie am Ende eines Gelages aus Rotwein und Bier ereilte, nicht mehr ertrug, griff sie zu einem Messer. Sie beförderte mit ihm jenen Mann zur Hölle, der sich wie andere zuvor ungebeten Einlaß in ihren Schoß verschafft hatte. Während sein Ejakulat in ihr brannte, kleidete sie sich an und ging mit der Würde und Ruhe eines Leichnams zur nächsten Telefonzelle, um aus ihr nach dem Geleit zu rufen, das sie hinter preußische Backsteinmauern eskortierte. „Ich weiß es." – „Und es macht Ihnen nichts aus?" fragte er hinter einem Berg von Akten. „Nein", log ich. „Ich kann verstehen, daß Ihre Mutterliebe Sie zu mir führte."

Die Nachricht von der bevorstehenden Heimkehr des feindlichen Heeres nahm sie gefaßt auf. Ohne sich vom Bild eines Gefängnistores aus gehämmerten Eisen auch nur im geringsten abschrecken zu lassen, zwang sie ihren armen Leib in ein Taxi. Den Protest des Chauffeurs schaltete sie mit dem Hinweis auf ihr Alter und ein dreizehntes Monatsgehalt aus.

Vier Jahre Suppe hatten das Gesicht der Gefangenen auf das Format eines Ballons gedehnt. Meine Großmutter stellte ihr drei weitere in Aussicht.

Mit dem letzten Hauch von Leben fragte die Gefangene durch einen dichten Schleier aus Beruhigungspillen nach dem Willen des Sohnes. „Verzichte auf ihn", flüsterte sie. „Er will bei *mir* bleiben", triumphierte die Greisin.

Diesen Wunsch hatte sie aus mir auf eindrucksvolle Weise hervorplaniert. Eines Morgens trug ihr Gesicht wilde Trauer, so als habe ein Erdbeben drei Minuten zuvor ihre Familie mit Stumpf und Stiel ausgerottet. Ihre Augen zwang sie, einen Niagarafall von Tränen in die Dämmerung der Küche zu gießen. Ich schwor ihr ewige Liebe, worauf sie das schwarze Kleid, das sie bei solchen Gelegenheiten zu tragen pflegte, in Windeseile gegen heiteres Grau eintauschte. Den letzten Keim von Widerstand meiner Mutter vergoldete sie mit einer Abfindung. Am Tage ihrer Entlassung wechselte ich für zweitausend Mark zum wiederholten Male die Besitzerin. Eine Investition, die sich bis zu ihrem Ende bezahlt machte.

Im Weggehen waren einige pünktlich. Im Wiederkehren waren sie genau. Ihr Vernichtungswille kannte keine Grenzen. Die Stadt, die die Wannseekonferenz sah, zauberte auch sie hervor. Sie kochten auf großer Flamme. Nach langer, schwerer Krankheit pflegen Menschen zu sterben. Nicht aber außerirdische Wesen, die auf dem Grunde des Rheins neben dem Schatz der Nibelungen nur ein gelindes Weilchen geschlummert hatten.

Meine Mutter unterzog sich einer entwässernden Diät und heiratete ihren zweiten Mann zum zweitenmal. Plötzlich und unerwartet standen ihre Koffer zwischen meiner Großmutter und mir. Zwar hatte der Feind die Hauptstadt genommen, aber nur auf Geheiß der Fürstin, die ihn in eine monströse Zangenbewegung lockte.

Irgendwann begann mein Stiefvater, sein blaues Auge auf die Briefe zu richten, die meine Mutter mir schickte. Es war nicht ihre Schrift, die ihn entzückte. Ich schrieb, um den Befehlen zu gehorchen, an eine Fremde, nicht aber an das Wesen, das mich einst gebar. Über meine Schulter hinweg feuerte er mich an, von meiner harrenden Liebe zu berichten, indes ich ihren schmachtenden Antworten mißtraute. Jede Woche brachte mir mein Stiefvater Geschenke, mit denen er meine Schreiben belohnte. Meine Großmutter hatte seine neue Liebe zur alten Frau mit Begeisterung aufgenommen, da ihr Sohn alles, was von der rudimentären Zärtlichkeit ihrer Rivalin aus dem Paläolithikum in die Neuzeit zu überkommen drohte, schlucken würde. Als Klytaimestra ihren teutonischen Agamemnon noch ein Weilchen leben ließ und ihn vorerst neuerlich vor den Altar bat, weigerte ich mich, dem Fest beizuwohnen. An diesem Abend betrank ich mich zum erstenmal mit lauwarmem Gin-Tonic.

Keuschheit war ihre Angelegenheit nie. Nicht nur ein Kind hatte mehrere Besitzer in sich einziehen lassen müssen, auch eine Wohnung, in der meine Mutter einst unter Tränen den Verlust ihrer Liebe beklagte und das sich ankündigende Erscheinen der Frucht verfluchte. Als sie ins Gefängnis kam, übernahm mein Stiefvater die Wohnung, die meine Mutter selbst unter Qualen nicht hergeben wollte. Ihr Reich waren zwei Zimmer mit Innentoilette, nichts wofür man sein letztes Pferd versprach. Die in dieser klammen Gruft verbleibenden Bücher, Zuckerdosen und Vasen versüßten jedes Adieu, mit dem er von nun an die Fülle seiner wechselnden Gespielinnen begleitete. Jahrelang hatte Hans am Grunde des Hofs seiner Dagmar die Ehe versprochen.

In zärtlicher Liebe hatte dieses einfache Wesen mit der Zähigkeit einer Topfpflanze alles an Sportschau, Buttermilch und täppischen Liebespraktiken über sich ergehen lassen, nur in der Erwartung, einst seinen vierbuchstabigen Namen zu ihrem eigenen schlagen zu dürfen. In der Hoffnung, meiner anspruchsvollen Großmutter eine gute Schwiegertochter sein zu dürfen, hatte sie neben mir die Dielen der Hölle geschrubbt, eitrige Binden gewaschen und aus dem schütteren Grau der Patriarchin fuchsrote Frisuren entstehen lassen.

Als meine Mutter mit ihrem Fötus auf ihrem Wege nach Bethlehem war, hatte das Wohnungsamt der Krippe die Plönzeile 35, benannt nach einem von hunderttausenden kommunistischen Widerstandskämpfern, verhießen. Aber anstelle der Heiligen Drei Könige klopfte eine alte Frau, um die Schwangere zu warnen. Vor ihr hatte sich eine ihrer Geschlechtsgenossinnen an dem Haken erhängt, der ursprünglich für proletarische Kandelaber bestimmt gewesen war. Wenn sie ihrem Kind und sich etwas Gutes tun wolle, raunte die Chimäre, solle sie nicht dort einziehen. „Diese Wohnung ist ein böser Ort."

„Feiere mit ihr noch Weihnachten", hatte meine Mutter zu ihm gesagt. „Das bist du ihr schuldig."

Bis zum Fest der Liebe schlug das junge Paar sein Bett in jenem Zimmer auf, in das schon mein Großvater vertrieben wurde. Nunmehr mußte der Greis nicht nur die Attacken einer ausheilenden Tuberkulose und die ersten Stiche des Prostatakrebses ertragen, sondern auch die nächtlichen Geräusche der zweiten Couch, auf der sie der Venus vulvavagina opferten. Tagsüber sah ich seine verletzten Blicke.

Die Stöße des sich hassenden Paares nahmen ein Ende, als meine Mutter im Zweierpack zum Zwecke ihrer Rückführung in die Gesittung der Arbeiterklasse mit Arbeit und Wohnung endversorgt wurde. In diese Gruft, im Schatten eines Krematoriums, trug sie nicht nur ihr schmales Gepäck. Mit einigen abgelegten Kleidern meiner Großmutter und Taschen voller Silberlinge trabte sie davon. Als auch mein Stiefvater mit ihr verschwand, hatte mein Großvater wieder die Ruhe, die er brauchte, um das tödliche Wuchern in seinem Unterbauch ausbrüten zu können. Und die Blicke, mit denen meine Großmutter mich beim Waschen an sich raffte, blieben ungestört. Zu einer Schlacht war es nicht gekommen, da die Beute, bestehend aus zwei Söhnen zweier Mütter, lange vor deren Ausbruch verteilt wurde.

Das Netz, das die antike Klytaimestra ihrem nach Mykene

heimkehrenden Gatten überstülpte, spann meine Mutter an die Wände. Nach wenigen Tagen war die Wohnung mit Blumentapete ausgeschlagen, deren scheußliche Medaillons mich wie Fratzen dünkten. In diesem Schmuckkästchen aus zweitem Aufguß und fruchtlosem Bemühen dümpelte die Lüge dem Christfest entgegen. Am Morgen vor der Geburt des Erlösers bestieg ihr Gatte das Bad, um sich für die letzte Vereinigung mit Dagmar zu reinigen. Gekonnt hatte er es verstanden, der ihn Liebenden die Heimkehr meiner Mutter zu verbergen. Sein nächtliches Ausbleiben entschuldigte der Taxifahrer wahrheitsgetreu mit Dienst am Kunden.

Die Mythe kehrte sich um, aber auch diesmal war es das Weib, das zum Schlage ausholte. Klytaimestra Karin machte den spitzesten Mund ihres Lebens. Wieder und wieder hauchte sie ihm sanft und süß das Geständnis ihrer verlangenden Liebe ins Ohr. Ihren ersten Heiligen Abend in der Freiheit würde sie ohne ihn nicht ertragen.

Gegen drei hatte sie ihn soweit, daß er einer fassungslosen Dagmar seine für den Abend und alle Zeit bevorstehende Absenz eröffnete. „Wie lange geht das schon?“ fragte sie tonlos. „Seit einem halben Jahr“, antwortete der Eilende, als er hastig Socken und Schlüpfer in seine Taschen stopfte. Im Ofen dampfte ein mit Liebe gerührter Stollen.

„Werdet ihr wieder heiraten?“ fragte die Ahnungslose. Vor ihre Augen legte der Schmerz einen Schleier, der sie den Trauring an seinem Finger übersehen ließ. Er mußte ihn nur noch in die Höhe heben, um in Dagmars germanischer Seele einen knirschenden Riß zu hinterlassen, von dem sie sich nicht mehr erholen sollte. Tapfer würgte meine Mutter ihren Ekel hinunter. Als sie ihm vierzehn Tage nach der Eheschließung eröffnete, die Scheidung eingereicht zu haben, gab es für ihn weder Vor noch Zurück. In völligem Unverständnis floh er vor den hämischen Blicken seiner Frau. Sechzehn Jahre, nachdem sie ein schlechter Stern zusammengeführt hatte, wurde ihr ein später Sieg zuteil, dessen Preis für beide vergeudete Nächte und Einsamkeit hieß. Von seinem Ruhm künden nicht einmal Ruinen. Diese Griechin entließ ihn in die Niederungen des Vergessens und der Banalität.

Von Männern hatte meine Mutter genug. Und ich von Frauen. Diesmal hatte es meine Großmutter mit Feinden zu tun, deren Zahl sie nicht überschaute. Aus meiner Verklemmtheit errettete mich eine Freundin. Sie bewahrte mich vor dem Schicksal, bei meiner Greisin hocken zu bleiben und als alte Jungfer zu sterben. Mein schweres Schicksal rührte sie. Als ich mit dem ersten Mann schlief, den sie mir besorgt hatte, läuteten nicht nur alle Kirchglocken der Stadt. Plötzlich tauchte auch mein Onkel wieder auf, der an der Seite seiner Gemahlin gelangweilt allwöchentlich die Kür absolvierte. Nicht nur am Knaben, der sein Wasser nicht halten konnte, hatte er Gefallen gefunden. Als ich siebzehn war, verführte er mich zum zweitenmal. Während sein Ehebett unter ihm ächzte, bat er mich flehentlich, mein Sperma schlucken zu dürfen.

Nun stand er hämmernd vor der Tür. Als er mich fragte, ob er das Spiel zu vier Händen um ein Paar erweitern dürfe, schlug ich ihm entsetzt den Ménage à trois ab. Er verlegte sich aufs Handeln und versprach, still im Sessel sitzen zu bleiben. Ich öffnete ihm nicht.

Ich nahm mir eine Wohnung. Obwohl ich sie besetzte, muß meine Schilderung des gemeinsamen Liebeslagers mit einer Vierundsiebzigjährigen einen solchen Eindruck in der Amtsstube hinterlassen haben, daß man sie mir mit Kußhand und einer Strafe von fünfhundert Mark hinterherwarf. Da meine Großmutter mir nicht zu folgen vermochte, überschüttete sie mich mit mobileren Liebesbeweisen in Gestalt von Teppichen, Silberbestecken und Möbeln. Bald glich meine Wohnung ihrer eigenen wie ein Zwilling dem anderen. Weil ich vor ihr floh, versuchte sie mich zu enterotisieren, indem ich inmitten dieser Gräßlichkeiten aus Plüsch und furnierter Eiche das Leben einer alten Frau führen sollte.

In dieser Höhle war nicht einmal Platz für das Laster, dem ansonsten schon ein Gebüsch genügt. Zwischen Porzellanvasen und Obstschalen führte ich ein einsames Dasein, das hin und wieder einige Passanten für Minuten kreuzten. Wenn sie ihre Hosen schlossen, sah ich sie nicht wieder, da sie keine Lust hatten, so früh zu sterben. Einzig diese flüchtigen Vergnügungen reichten, um die Besitzerin des Jünglings zum Keifen zu bringen. Wenn ich sie am Abend nach einem Tag voller Fron verlassen wollte, verließen sie die Reste einer guten Erziehung.

„Du willst dich nur von ihnen in den Arsch ficken lassen", schallte es mir im Treppenhaus hinterher. Ich wollte. Mein Stiefvater witterte die Chance, in der Gunst seiner Mutter und ihrer Verteilung von Valuten einen vorderen Platz zurückzugewinnen. Er schleppte ein Heer von berechnenden Freundinnen und sogenannten leiblichen Verwandten mit. „Arschficker", prasselte es von allen Seiten auf mich ein.

In diesem Puppenheim regierte der Terror, als wären Danton und Robespierre ihren kalten Gräbern entstiegen. In meiner Familie verloren sie das letzte bißchen Scham.

Die Tatsache, daß meine ersten literarischen Versuche, mit denen ich unglücklicherweise in den Schriftstellerverband gestolpert war, Beachtung fanden, löste bei ihnen Entsetzen aus. „Du bringst uns mit deinem Gekritzel in Teufels Küche", zischte die Greisin. Dabei war ich nie woanders, nur die Temperaturen und Rezepturen wechselten häufig.

Nicht nur die Haut begann sich von ihr zu lösen. Da der Jüngling sich nicht mehr mit der Ausschließlichkeit eines nubischen Sklaven auf sie konzentrierte, zog sie ihre letzte Show ab. Obwohl sie immer öfter in variierenden Hospitälern an Schläuche und Schnüre gehängt wurde, sollte es doch die längste der Bühnengeschichte werden.

Ich hatte keine Ahnung, daß ein Haufen Knochen noch fünfhundert Tage rasseln könne. So lange ließ sie sich Zeit, ihre Drohung zu sterben wahrzumachen. Der Hippokratische Eid ihrer Ärzte schützte sie davor, von ihnen auf einem schnelleren Wege ins Jenseits befördert zu werden. Ihr gelang es selbst in einem Ostberliner Spital nach Mitternacht an Götterspeise mit Waldmeistergeschmack zu gelangen. Wahrscheinlich versprach sie sich von diesem magischen Namen ein ewiges Dasein. Sie verschlang das giftgrüne Zeug in ungeheuren Quantitäten, während mein Großvater ihre Abwesenheit vernünftigerweise für Stippvisiten in der Potsdamer Straße benutzte. Im letzten Jahr seines Lebens muß er mehr Pornos gesehen haben als ich bis heute.

Ihm war es beschieden, als Fünfjähriger dem Tode seiner Mutter zuzuschauen. Sein Vater hatte in einem Anfall von Schwachsinn die Petroleumlampe nach ihr geworfen. Sie verbrannte vor seinen Augen. Mit nichts anderem in der Tasche als der Erinnerung an ihre gellenden Schreie betrat der Sechzehnjährige die Roaring Twenties.

In einer kleinen Bude in der Berliner Koppenstraße lebte er mit einem Geiger der „Dajos Béla Band“. Beide Männer teilten sich ein Bett, einen Anzug, einen Hut und den teuersten Spazierstock, den Berlin für ihresgleichen zu bieten hatte. Schon nach einer Woche wurde dem Jungen ein Privileg zuteil. Als er im Gegensatz zu den meisten seiner Kollegen zwei Maschinen gleichzeitig bediente, endete sein Hunger, der ihn vor Geburt an begleitet hatte. Seinem Vater, der sich nicht von einem Zloty seines riesigen Vermögens trennen mochte und den Kindern nicht einmal eine Prise Salz gönnte, schickte Gott die Inflation. Unter seinem Hintern schmolz all seine Bedeutung wie ein Eisberg in der Sonne.

Die schönsten Stunden seines Daseins schlugen meinem Großvater in einem Keller. Auf einer Glasplatte hockte eine nudistische Sensation, unter der Männer und Frauen gleichermaßen Fünfmarkstücke hindurchrollen ließen. Gelang es ihren Schamlippen zuzuschnappen, so vermehrte dieses Organ das Vermögen der Dame. Meine Großmutter vermehrte das ihre auf weniger ehrenhafte Weise. Nach und nach erkämpfte sie sich den Löwenanteil an seiner Pension. Da er nicht am Krieg teilgenommen hatte, standen ihm keine Erfahrungen beim Bau von Geschütznestern zur Verfügung. Durch den permanenten Ansturm seiner Frau wurde er gezwungen, seine Front bis zur endgültigen Kapitulation immerfort zu begradigen. Nicht nur sein Ungeschick, sondern auch seine Liebe ließen ihn in sämtliche Gruben taumeln, die ihr absoluter Machthunger schaufelte. Am Ende seines Lebens führte er ein Schattendasein. Eine Klappcouch, ein Fernseher und die Erinnerung an ein paar schöne Jahre war alles, was sie ihm ließ. All seine täppischen Zärtlichkeiten erfüllten mich mit Angst. Schenkte er mir ein Feuerzeug, dauerte es keine fünf Minuten, bis meine Großmutter einen goldenen Ring an meine Hand steckte. Sprach ich auch nur ein Wort zuviel mit ihm, zog sie sich mit Migräne in die Dunkelheit ihrer Gelasse zurück. Für sie war er nichts weiter als ein Bauernlümmel, der kaum schreiben konnte. Das Wenige an Haß auf die Nazis, das in dieser Familie gestattet war, kam von ihm. Als begehrter Elektromechaniker hatte er sich geweigert, den

Stacheldraht um ein unbekanntes Lager namens Sachsenhausen zu ziehen. Um sich nicht von einer französischen Zwangsarbeiterin trennen zu müssen, mauerte er sie in den letzten Kriegstagen in einem Alkoven ein. Daß er sie auch hervorholte, verzieh ihm meine Großmutter erst mit meinem Erscheinen. Nach ihrer Vorstellung hatte ein Mann jungfräulich in die Ehe zu gehen. Die fixe Idee, daß dieser Organismus so etwas wie Gefühle haben könnte, ließ sie in mir gar nicht erst aufkommen.

In einer Feuerpause, in der ihre Schuppenflechten von einem ganzen Ärzteteam wieder einmal geteert und gefedert wurden, fand ich endlich zu ihm. Als ich um Mitternacht in meine Wohnung gehen wollte, bat er mich zum erstenmal um eine winzige Gefälligkeit. „Laß uns noch eine Zigarette zusammen rauchen." Ich entschuldigte mich bei ihm für einen unsinnigen Streit, den ich wenig zuvor vom Zaun gebrochen hatte. „Ich habe dich immer gern gehabt", sagte er. Mit verstohlenen Bemerkungen erklärte mir dieser Mann seine Liebe. „Es ist dein Leben. Wenn du meinst, so glücklich zu werden, mußt du es tun." Im zarten Alter von vierundsiebzig Jahren hatte er sich mit dem Phänomen der Homosexualität auseinandergesetzt. Ja vielleicht war es für ihn, einen Legastheniker, der ungeheure Mühe hatte, auch nur seinen Namen zu buchstabieren, nie ein Problem gewesen. Im Gegensatz zu anderen, hörte ich von ihm nie ein abfälliges Wort. Um die Ruinen unserer Zuneigung zu entdecken, blieben uns ganze drei Stunden.

Als ich am nächsten Nachmittag in unsere Straße bog, kam mir sein Geist entgegen, um mich vor dem Anblick der sterblichen Reste zu warnen, die er einige Stunden zuvor in Richtung Ewigkeit verlassen hatte. Als mich eine Schar aufgeregter Greisinnen schon im Hausflur jammernd und winselnd empfing, scheuchte ich sie in die Erlebnislosigkeit ihrer Alterssitze zurück.

Als die Kälte des Todes in ihm emporkroch, streifte er sich einen braunen Lederhandschuh über. Offenbar hatte Freund Hein ihm eine letzte Gnade vorgegaukelt. Er schleppte sich auf das Bett, das er Jahrzehnte zuvor verlassen mußte. Auch sein letzter Triumph blieb traurig. Er fand es leer.

Ein gutes Dutzendmal füllte ich mein Glas mit Cognac. Sein Anblick hatte nichts Schreckliches mehr für mich. Ich zog ihm seinen Pyjama aus und kleidete ihn um. Ich schloß seine Augen und verhängte den Spiegel.

Ich blieb starr und war unfähig, mich gegen die Befehle der Bestien zu wehren, die mich umgaben. Kein einziger von diesen lieben Menschen war bereit, meiner Großmutter die Nachricht von seinem Tode zu überbringen.

„Das machst du. Schließlich bekommst du das meiste von uns allen."

Sie fletschten ihre Zähne, und ich stellte meine Folgsamkeit unter Beweis. Dieses Lager ließ keinen Widerstand zu. Meine Großmutter brach in gellende Rufe aus. Sie weigerte sich, ihn noch einmal zu sehen. Angeblich um ihn so in Erinnerung zu behalten, wie er war. Wenn sie überhaupt eine Erinnerung an ihn hatte, so mußte sie noch aus den 60er Jahren stammen. Sie verließ die Klinik erst, als ich mich durch eine endlose Liste sinnloser Formalitäten gekämpft hatte. Ich kaufte den Sarg, und ich war es, der ein Streichquartett engagieren wollte. Aber sie alle, die selbst keinen Finger krummachten, hielten mich zu äußerster Sparsamkeit an. Als ein alkoholisierter Friedhofsdiener seine Urne in ein Armengrab schleppte, wurde mir der letzte Platz in ihrer Prozession zugeteilt. Zur Leichenfeier erschienen sie zahlreich, um sich ihre hemmungslosen Mägen mit Köstlichkeiten vollzustopfen.

Spätestens nach fünf Minuten war der Anlaß dieses Things vergessen. Ihre teutonischen Kehlen johlten. Daß sie nicht zu schunkeln anfingen, muß sie ein Äußerstes an Überwindung gekostet haben. Mich trafen ihre giftigen Blicke, mit denen sie den Preis meines Anzuges und meiner Brillengläser abschätzten.
„Keinen Ton", befahl meine Mutter. Bis heute bedaure ich es, nicht geschrien zu haben. Man hätte mich totgeschlagen. Zum Nibelungendrama zwischen Karin und Dagmar kam es nicht. Mit der Regungslosigkeit eines Rocher de Bronce schaute meine Mutter durch Körper und Wände. Warum sie ihr damals den Mann weggenommen habe? Geliebt? Nicht eine ihrer falschen Wimpern zuckte. Mir riß es die rechte Augenbraue zum Haaransatz hinauf.

„Für wie vergeßlich haltet ihr mich?" fragte meine Mutter. An diesem Nachmittag erhielt Dagmar eine neuerliche Lektion in Abgründigkeit. Sie erfuhr, wie süß die Rache schmeckt und wieviel sich für sie lohnt. Gnadenlos hatte sich der Gefangenen einst der Anblick einer sich die Nase pudernden Geschlechtsgenossin eingeprägt, die ihr Mann zur Scheidungsverhandlung mitbrachte. Während sie selbst in Handschellen und Filz sich ihrer zerrissenen Nylons schämte, zog jene sich auf einem knarrenden Holzstuhl in der ersten Reihe das Lippenrouge nach.

„Du hättest es wenigstens genießen sollen“, zwitscherte meine Mutter. „Aber glaub mir. Es war auch für mich nicht einfach, ihn bis Sylvester zu ertragen.“

Der Kalk hatte im Kopf der Greisin eine vielbeachtete Tropfsteinhöhle entstehen lassen. Mit ihrer Leber schwoll auch ihr Bauch. Wahrscheinlich bildete sie sich ein, von mir schwanger zu sein. Denn nach dem Tod des Scheusals sollte nach ihrem Plan unserer Liebe nichts mehr im Wege stehen. Die Arteriosklerose hatte sie Alter und Tod endgültig vergessen lassen.

Halb wahnsinnig vor Glück bot sie mir eines Tages sogar die Ehe an. Mich schauderte. Nicht nur sechsundfünfzig Jahre trennten uns. Mit der hartnäckigen Naivität meiner von ihr eingepökelten Kinderseele liebte ich sie so sehr, daß mich nur die Homosexualität davon abhielt, mein Glied in ihren jauchenden Leib zu stemmen. „Ich muß ja Witwe bleiben“, greinte sie mit dem Hinweis auf das Geld, das sie fast so sehr verehrte wie Hunde oder Volksmusik.

Um ausgefallene Nahrung für dieses Skelett heranzuschaffen, raste ich unter der Gluthitze ihres letzten Sommers durch die Stadt. Jeder Gedanke an Zyankali wurde von meiner Gefügigkeit verdrängt. Unsere Symbiose war haltbar wie die von Seeanemone und Fisch. Ihre leuchtenden Augen tasteten meinen Körper ab wie Tentakeln. Mit der Rolle des Ehemannes kamen auch dessen Qualen. Zum ersten und einzigen Mal stieß ich einen Tisch um. Gläser, Camemberts und Kaviar fielen auf einen ihrer Teppiche. Sie lachte nur. Am Rande eines Nervenzusammenbruchs verließ ich heulend die Wohnung. Es war eine neue, ungetränkt von Erinnerungen an meinen Vorgänger. Meine Sünde bestand darin, daß ich sie für eine Woche verlassen wollte, um an einer Tagung teilzunehmen. Die Vorstellung, daß es so etwas wie Literatur in meinem Leben geben könnte, ließ sie unbeeindruckt. Ihr war nicht einmal bewußt, daß Bücher

Autoren haben. Für sie wuchsen diese ekelhaften Dinger an Rhododendronbüschen und fielen im Herbst zu Boden.

Während mir in einem nordostdeutschen Kaff amusische Schranzen die Segnungen der Revolution oder dessen, was sie dafür hielten, näherbrachten, vergaß ich Undine. In einem Coupé der Reichsbahn, dreißig Kilometer vor Berlin, ereilte mich die Ahnung, daß sie gegangen war. Meine Wohnungstür war mit Zetteln von Drachen und Tanten gespickt. Aus diesen Bulletins rekonstruierte ich die letzte Phase eines Abschieds, der sich hingezogen hatte wie der Untergang des römischen Reiches. Daß sie mich nicht sehen wollten, um mich in tröstende Arme zu nehmen, wurde mir rasch klargemacht.

„Den Fernseher!"

„Deine Bettwäsche darfst du behalten!"

„Wo ist das Geld?"

Daß es in ihren Rachen verschwunden war, ging diesen anginaroten Gesichtern gar nicht erst auf. Plötzlich wollten sie sogar meine Bibliothek plündern. Allein der Umstand, daß ich ein paar Silberlöffel besaß, versetzte sie in einen wahren Veitstanz der Gier. Sie hätten mir am liebsten noch die Goldplomben aus meinem Mund gerissen. Nur mit Mühe konnte ich sie davon abhalten, mir an diesem Abend in meine Kammern zu folgen wie einst der Urne. Ich sollte am nächsten Tag in der Wohnung meiner Großmutter erscheinen, um mit Edelmetallen wenigstens meine Socken und Schuhe auslösen zu können. Sie ließen mich schwören, ihnen alles zurückzugeben. Aber Gott raunte mir zu: „Schwöre!" Sein Grinsen versank als Feuerball hinter ihren Scheiteln.

1990 kehrte ich zu den Stätten meiner Kindheit zurück. Im Hof eines alten Hauses suchte ich nach dem Baum, den ich gepflanzt hatte. Jeden Nachmittag trug ich in einem zerbeulten Spielzeugeimer Wasser zu seinen Wurzeln. Er wuchs und bewies mir mit seinem runzligen Grün, daß das Leben außerhalb meines Kerkers weiterging. Ein Stumpf kündete von seinem Ende. Ich war dreißig Jahre alt und hörte das Wimmern eines Kindes in mir. Der hölzerne Rest half mir ein letztesmal. Mich zu entsinnen.

Ohne Erbarmen hatten sie alle immer wieder das Leporello ihres Drecks vor mir entfaltet. Ihrer Umwelt aber simulierten sie

Sanftmut und Reputation. Jede Bank würde ihnen ohne auch nur eine Sekunde zu zögern Kredit gewähren. Sie sind die Bank. Um jeden Anflug eines schlechten Gewissens in sich zu ersticken, protestieren sie gegen Tierversuche. In mir hinterließen sie stets von Neuem Entsetzen und das, was sie mit einem ihrer Lieblingsworte bezeichnen: Betroffenheit! An diesen Zug aus Horror und Schmerz klinkte meine Großmutter ihre letzten Waggons. Als die Schöpfung sich von ihr reinigte, riß die versiechende Alte noch einmal das Ruder meines Lebens herum.

Für die winzige Reise nach Schwerin bestrafte sie mich, indem sie zu sterben beschloß. Den Boden für das schlechte Gewissen in der Grotte meiner Emotionen hatten jene vorbereitet, die aus ihren Eierstöcken gekrochen waren, um sich neuerlich mit Scheusalen zu paaren. Ich ertrug kein Tageslicht mehr und vermochte mich nicht zu waschen. Um mir ein Glas Wasser aus der Küche zu holen, mußte ich auf allen Vieren kriechen. Von meinen Depressionen wurde ich gehetzt wie von Erinnyen. Mein Unterbewußtes, in dem sie hauste, täuschte mir vor, daß ich an ihrem Tod schuld wäre. Jeden Abend versuchte ich, mir die Adern zu öffnen. Daß es ihr nicht gelang, mich in ihr Grab hinterherzuzerren, verdanke ich meinem Großvater. Als Engel stand er hinter meiner linken Schulter und nahm mir die Gilettes dutzende Male aus der Hand. Wie schon meine Mutter entdeckte ich, daß in einem Menschen Raum für die Segnungen des Alkohols ist.

Bei meinen gelegentlichen Besuchen betrank sie sich bis zur Besinnungslosigkeit. Als der Zuckerspiegel die Unterseite ihres Gehirns erreichte, pflegte sie oft, bekleidet nur mit einer Handtasche, in den Straßen Berlins zu flanieren. Um keinen Preis wollte sie sich einen allerletzten Auftritt entgehen lassen.

Meine Kindheit endete in einer Orgie der Plünderung. Sie, die niemals etwas empfanden, bekamen Orgasmen beim Anblick eines Tellers. Nach dem Berühren eines sechsunddreißigteiligen Services öffneten sie uns schweißgebadet. „Wo ist der Fernseher?“ kreischte meine Tante, die mich bereits als Kind zur Seite nahm. In der Küche meiner Großeltern erklärte sie mir fünfzehn Jahre lang immer wieder, daß ich schlecht und schmutzig wäre. Sie tätschelte über meinen Kopf, um festzustellen, daß ich keinen Hinterkopf hätte, weil meine Mutter mich als Baby zu lange auf dem Rücken liegen ließ. Diese Gemahlin eines Steuerfahnders war es, die mir einen tiefen Haß auf meinen Körper einimpfte. Erst, als ich mit Hunderten von Männern schlief, legte er sich, um mich immer wieder zu zerreißen. Nun stand sie vor mir und starrte auf meine leeren Hände.

Mit dem Erscheinen meiner Mutter hatte niemand gerechnet. Daß ich überhaupt eine besaß, und es ihnen nicht gelungen war, deren physische Existenz auszulöschen, war ihnen entgangen. Für den Bruchteil einer Sekunde war ich stolz auf die fünfzehn Messerstiche, mit denen sie Rache an ihnen allen genommen hatte. Wie schon oft trat sie zwischen mich und meinen Stiefvater. „Du wärst nicht der erste“, sagte sie und griff in die Tasche ihres Mantels. Vor dem Antlitz dieser umgekehrten Medea prallte er zurück und beschloß, die Sinnlosigkeit seines Daseins in das Rentenalter hinüberzuretten. Aus ihrem Munde stürzten einige Sätze, die das spießige Korinth in seinen Grundfesten erzittern ließen. Um sich die Tristesse, die von dieser Familie ausging, etwas zu erleichtern, hatte sie mit jedem, aber vor allem mit jeder, tiefgehende Bekanntschaft geschlossen. Daß auch Frauen Sex miteinander haben können, wurde von den anwesenden Männerattrappen mit Herzrhythmusstörungen zur Kenntnis genommen. In der Pause zwischen zwei Schlägen gelang es mir, einige meiner Habseligkeiten an mich zu reißen. „Wir hatten lange genug mit euch zu tun“, sagte meine Mutter.

Alles, was von diesen Menschen auf Erden jemals berührt wurde, war besudelt und ließ den Papst an der wundertätigen Kraft des Weihwassers irre werden. Zwanzig Jahre meines Lebens hatten sie mir geraubt. Was einem Kind heilig sein konnte, wurde beim bloßen Anhauch dieser Bürger zu Schmutz und Lüge. Auf dem Altar ihrer Wohlanständigkeit opfern sie alles, was von Genies und verzweifelten Einzelgängern in unserer Kultur je geschaffen wurde. Für ein gutes Essen und die Vorstellung, in einem warmen Bett zu enden, zerstören sie sogar die Erde. Das Alleräußerste, was die Energie in mir zu erzeugen vermag, ist Gleichgültigkeit vor ihrem weiteren Schicksal.

Wie sehr sie sich auch immer untereinander verheerten und belogen, in einem hielten selbst sie zusammen. Sie waren Eltern. Kinder sind für diese Stützen der Gesellschaft dressierte

Materie, deren Seele man ungestraft verwüsten darf. Bis auf den heutigen Tag leben sie allen Ernstes in dem Glauben, daß es mir und anderen unmöglich ist, sich zu erinnern. Sie, die einst Adolf Hitler begeistert zugejubelt hatten, führten nichts so oft im Munde wie die Worte „Eltern, Liebe und Moral". Ob ich mich später in der Zürcher „Odeonbar" betrank, ob ich die Leere in mir im Den Haager „Hotel des Indes" mit Hummern zu stopfen versuchte, ich spürte ihren Atem im Nacken und ihre Folter in jeder meiner Zellen. Als sich in La Valetta in der Stunde meiner tiefsten Krise mein Verstand für immer von mir zu verabschieden drohte, rettete mich einzig der Umstand, daß ich meinen Mund aufmachte und unter Qualen zu sprechen begann. Daß ich noch am Leben bin, verdanke ich dem Mann, der mir seine Liebe bewies, indem er meine Hand hielt.

Erst als ich in Jerusalem stand, das Gebet des Muezzins hörte und die Sonne hinter der Wüste versank, gelang es mir inmitten eines Volkes, dem ich mit mehr als einigen Prozenten meines Blutes angehöre, zu lachen. Meine Gespenster faßten sich in dieser späten Stunde ein Herz und verschwanden Hand in Hand und mit dem letzten Licht des Tages in den Tiefen der jordanischen Ebene.

# 3

# Das Halsband

Wieder das Zimmer, wieder die vier Schritte vom Fenster, bis dort wo sie sitzen, neben dem Ofen und hinter dem Tisch, auf dem liegt eine Decke, denn das Licht darf nicht scheinen, ist alles zu hell, sitzt meine Mutter und rechts meine Großmutter und noch weiter rechts ein fremder Mann, das ist der Bischof. Ich habe noch nie einen Bischof gesehen, der schaut zur Ofenklappe und sagt nichts, alle sind still, mitten in der Stadt. Unten ist die Straße, sind die Geschäfte, mit den Steckdosen und den Kabeln und weiter rechts, der Salon Eichmann, da schneiden sie einem die Haare. Aber draußen fährt die Bahn, draußen ist draußen. Direkt unter der Lampe steh ich und schaue mir über die Schulter und neben mir steht ein großer Mann. Ganz in Schwarz. Jetzt legt er mir schwarze Lederstreifen um die Handgelenke. Keiner sagt was, ist alles still, links sitzt mein Großvater, ist auch still, draußen fährt die Bahn. Nun halte ich eine braune Flasche zwischen den Händen, mit weißem Schild, die soll ich trinken. Da sag ich, Hilfe und Die wollen mich foltern. Alles ist still, keiner sagt was, der Mann nicht, mein Großvater sitzt links von mir, meine Mutter, und der Bischof schaut zur Ofenklappe. Draußen ist draußen, da fährt die Bahn. Die Streifen sind weg und die Flasche. Da sage ich, der will mich nach Auschwitz bringen, draußen fährt die Bahn, direkt unter der Lampe, ist alles zu hell, nach Auschwitz. Der Bischof schüttelt den Kopf, das hätten Sie nicht sagen dürfen, sagt er, nicht diesen Namen, nicht aussprechen, nicht Auschwitz. Nun kann ich nichts mehr für Sie tun. Draußen ist draußen, alles ist still. Unten schneiden sie einem die Haare. Wir können ihn doch nicht einfach so gehen lassen, sagt meine Mutter. Draußen fährt die Bahn. Da können wir gar nichts tun, sagt meine Großmutter und meine Mutter ist still, alles ist still. Draußen ist draußen. Sagen Sie einfach, daß Sie von Rudi kommen, sagt der Mann, direkt unter der Lampe. Der ist ganz in Schwarz, dem glaube ich nicht. Naja, sagt der Mann ganz in Schwarz, und viel größer als ich, drei Tage wird's helfen. Weiß ich doch längst, wie das wird, auf der Rampe, die vielen Menschen, die Hunde, der Lärm. Direkt unter der Lampe sagt der Mann nichts mehr und alles ist still. Unten ist die Straße, sind die Geschäfte, mit den Steckdosen und Kabeln. Aber draußen fährt die Bahn, draußen ist draußen. Mensch Gott, denke ich, da sag ich, daß ich von

Rudi komme, und keiner kennt Rudi, auf der Rampe, direkt unter der Lampe, und wenn Rudi nicht will, ruft er in Auschwitz an und sagt, wenn einer sagt, daß er von Rudi kommt, dann hört gar nicht hin. Alles ist still, keiner sagt was und draußen ist draußen. Auf der Rampe, unten fährt die Bahn, wieder das Zimmer, wieder die vier Schritte vom Fenster, bis dort wo sie sitzen, neben dem Ofen und hinter dem Tisch, ist alles zu hell, sitzt meine Mutter und rechts meine Großmutter und noch weiter rechts, das ist der Bischof, der schaut zur Ofenklappe und sagt nichts, alle sind still. Unten fährt die Bahn. Gut dann, sagt der schwarze Mann und hat einen Würger in der Hand, einmal muß es ja doch sein, keiner sagt was, alles ist still, nach Auschwitz. Den legt er mir um den Hals, das geht nicht gut, auf der Rampe sind zu viele, direkt unter der Lampe und die Hunde. Metall am Hals, und draußen ist draußen, der Mann, mein Großvater sagt auch nichts, werde ich wach. Ich rauch erst mal eine.

# 4

# Ein Killer, der nicht killt, wird selbst gekillt

## Kein Gott mehr neben dir

Ringsum die Dunkelheit. Die Göttin meiner Kindheit und Jugend, die Puffmutter meiner Seele hatte durch ihren Tod ein Vakuum in mir hinterlassen. Ich trauerte nicht, ich war leer. Tagelang tat ich, ein Schatten, meine Arbeit. Meine wichtigste Pflicht aber, ihr zu dienen, mich selbst täglich immer neu an den Rand ihres Bettes zu schleppen, war gemeinsam mit ihr in irgendeinem Ofen verbrannt. Der Tod hatte die Mitte aus meinem Leben geschnitten. Das Wenige an Struktur, das ich besaß, war mit ihr entschwunden. Mein Tagesablauf, mein Denken, mein Fühlen, meine Hygiene, alles fiel mit sanftem Zischen zusammen. Ich war sprachlos. Das einzige, was ich besaß, war eine Telefonnummer.

„Können Sie noch heute abend", fragte Scholz. Ich konnte nicht mehr, also konnte ich immer. Scholz erschrak über mein Aussehen und fuhr mit mir nach Köpenick. Im Ratskeller waren wir die letzten Gäste. Wegen der Diarrhoe von André Gromyko wurde früher geschlossen. Alles stand in mir nicht durchschaubaren Zusammenhängen. „Brauchen Sie Geld?" fragte er.

„Nun überlegen Sie nicht so lange. Ich habe nicht mehr bei. Reichen dreihundert? Ich kann Ihnen schon diese Woche mehr geben." Seit Tagen war ich das erstemal satt. „Kaufen Sie sich ein paar Rasierklingen", sagte er. Ich trug sie immer mit mir. „Ich gebe es Ihnen irgendwann zurück", sagte ich. Er lachte. „Ich schenke es Ihnen nicht. Wir haben schon einmal bei uns darüber beraten, es Ihnen irgendwann anzubieten. Es steht Ihnen zu." Ich war nicht allein. Wie warmer Honig umspülte mich das Wir. „Sie haben schon einiges für uns getan." Er legte einen kleinen Zettel auf meine Knie, während sein Auto in einer Seitenstraße Mahlsdorfs hielt. „Schreiben Sie: Für die Erfüllung von Aufträgen habe ich 300 Klammer auf dreihundert Klammer zu Mark vom MfS erhalten. Berlin, am ... Und nun Ihre Unterschrift. Wir sehen uns am Wochenende."

In einem Klubhaus saßen meine Freunde. Das Haus hieß „Zu den sieben Raben". Nette ältere Damen gossen dort, was ihnen Krieg und Nachkrieg und zweiunddreißig Jahre DDR an Gefühlen übriggelassen hatten, in poliertes Ächzen. „Seelen sind wie Schächte/Nach jahrelangem Abbau tut Überholung not." Wie recht sie doch hatte. Über allen Gipfeln wurde es ruhig, als ich eintrat. Nur ein einziges Mal hatte es Ärger mit Grasnick gegeben. In einer der endlosen Diskussionen zitierte ich dem Erbleichenden aus der Frankfurter Allgemeinen Zeitung. „Ich muß dich bitten, damit sofort aufzuhören", unterbrach er mich. Etwas später an diesem Tage nahm er mich in eine unbeobachtete Ecke mit. „Es gibt soviele Leute, die etwas gegen diesen Zirkel haben. Um überhaupt etwas tun zu können, muß ich dich bitten, so etwas nicht mehr zu machen." Aber seine Privatbibliothek war nach dem Index zusammengestellt. An diesem Abend empfingen sie mich mit einem lauten „Ahhhhhhh". Ich sähe schon viel besser aus. Ich kaufte drei Flaschen Rotwein. Der Mensch war gut, der Wein war besser. Es war verdientes Geld. Nie sollte mich einer nach der unerschöpflichen Quelle seiner Herkunft befragen. Vielleicht nahmen sie an, daß es an ungarischen Rebstöcken wuchs. Es wurde spät.

## Das Glashaus

In einem Landgasthaus aßen wir zu Mittag. Irgendwann und irgendwo parkte er seinen gelben Dacia. Die Tasche gebar: Fotos, Fotos, Fotos. Gesichter nebeneinander in Reih und Glied wie Briefmarken in einem Album. „Das ist sehr schlecht zu erkennen. Aber das da, das ist besser." Ich blätterte im Album, ich sah Leben: langes Haar, kurzes Haar, wenig Haar, Brillen, Hemd mit Krawatte, Nickelbrille, Rollkragenpullover, schmale Schultern, breite Nase, schön, für ihn ein Bestiarium. Alle weg, alle gefährlich, alle ausmerzen. Dr. jur. gibt zu bedenken, daß er ahnt. Ein Technokrat läßt sich nicht hinreißen. Ich sah ihn nie betrunken. „Kennen Sie den?" Man sagt, er habe. Man meint, sie hätte. Es gäbe. Es könne. Sie wisse. Beide hätten. Alle verdächtig. Gesichter, noch mehr Gesichter. „Machen Sie jetzt eine Pause, nach zwanzig Gesichtern läßt die Konzentration nach. Pause zu Ende, können Sie noch?" Weiter: halbe Kinder, kaum jünger als ich, junge Frauen, kaum älter als ich, alte Männer, viel älter als er, Feinde, noch jung, so alt wie das Land. „Können Sie noch?" Schriftsteller, Bildhauer, Hausfrauen, Schwule, ein Dirigent, ein Eisenbahnschaffner, eine Hebamme, Elke Erb, ein Jüngling, Tut-ench-amun, ein Gemüsehändler, der Graf von Stauffenberg, ein Mann, eine Frau, eine Frau, ein Mann, viele

Brillen, viel Haar, Jan Faktor, wieder eine Frau, Uwe Kolbe, Sascha Anderson, „die kann man kaum erkennen", meistens Paßfotos, irgendwo mußten sie auftauchen, der Bach floß den Berg hinan, in die Tasche, in das Album, in meine Augen, in meine Zellen. „Eckehard Maaß".

Im Wald dicht beim Straßenrand, der hinter dem Autofenster vorbeiflog, schaute ich auf die Schilder. Viele Schilder. Alles Sperrgebiet. Manchmal Schlagbäume, mitunter eine Schneise. Betreten verboten. Das Lied der Panzersoldaten. Inmitten des Waldes ihre Lager. Wer recht in Freuden wandern will. Alles tot. Alles Tod.

Am 4. Mai 1945 wurde in Lüneburg durch deutsche und englische Militärs die Kapitulation der Wehrmacht und der SS in Holland, Bremen, Friesland, Schleswig-Holstein und Dänemark beschlossen. Am 6. Mai des Jahres versuchten fünf Matrosen „von der Truppe" zu fliehen. Am 9. Mai, an dem die bedingungslose Kapitulation für das gesamte Deutsche Reich in Kraft trat, wurden sie unter dem Vorsitz des Richters Holzwig zum Tode verurteilt. Am 10. Mai wurden sie erschossen und im Meer versenkt. Die Statistik endet am 31. Januar 1945. Bis zu diesem Tag wurden vierundzwanzigtausendfünfhundertneunundfünfzig deutsche Soldaten „rechtskräftig" zum Tode verurteilt. „Wenigstens sechzehntausend von ihnen wurden erschossen, geköpft oder gehängt, die weitaus meisten anderen kamen durch 'Begnadigung' in Stafkompanien und verloren dort ihr Leben" (zitiert nach Simmel). Während des Ersten Weltkrieges wurden hingerichtet: achtundvierzig Soldaten. Am Zweiten Weltkrieg waren zehn Millionen amerikanische Soldaten beteiligt. Von ihnen wurde wegen Fahnenflucht verurteilt und erschossen: einer. Von den deutschen Richtern wurde Ministerpräsident: einer. Zur Rede gestellt: keiner. Karriere gemacht: alle. Über die Richter der ehemaligen Deutschen Demokratischen Republik und ihre weitere Tauglichkeit entscheiden bundesdeutsche Juristen der alten Länder. Eines der wenigen Bücher Richard von Weizsäckers lautet auf den Titel: „Die deutsche Geschichte geht weiter".

Recht gesprochen wird im heutigen Deutschland „im Namen des deutschen Volkes". Also auch im Namen derjenigen, die das achtzehnte Lebensjahr vollendet haben und dieses Buch lesen. Von der Kommerziellen Koordinierung des Offiziers im Ministerium für Staatssicherheit, Alexander Schalck-Golodkowski angeregt, wurden Menschen inhaftiert, um deren Antiquitäten beschlagnahmen und für Valuta veräußern zu können. Im Jahre 1989 wurden zirka 17 Millionen DM auf das BIEG-Valutakonto bei der Deutschen Außenhandelsbank, Kontonummer 9803-2054-0015, von westdeutschen Pharmaunternehmen gezahlt. Diese Zahlungen erfolgten für die Überlassung ahnungsloser Patienten zu Tests in der ehemaligen DDR. Diese riefen in vielen Fällen bei den Patienten schwerste Nebenwirkungen hervor. Eventuelle Todesfälle lassen sich bislang selbstverständlich nicht ermitteln. Das Formular des Vertrages zwischen BIEG (KoKo) und den ausführenden Ärzten in der DDR trug die Aufschrift „Vereinbarung über die Prüfung von Arzneimitteln am Menschen". In den Bilanzen der BIEG tauchte dieser „Posten" als „Immaterieller Export" auf.

In seinem Buch „Der Fürst" bemerkt Macchiavelli über den Potentaten: „Aus seinem eigenen Munde laß ihn sich verdammen."

In seinem Essay „Hitlers Wiedergänger" schreibt Hans Magnus Enzensberger im Februar 1991: „Die Nachkriegszeit hat mit guten Gründen auf der Singularität der deutschen Verbrechen bestanden und jeden Vergleich mit anderen Beispielen staatlichen Terrors tabuisiert. Allzuoft dienten solche Parallelen nur dem Zweck, die Täter zu entlasten. Insofern schien das Denkverbot sinnvoll, wenngleich es letzten Endes nur moralisch, nicht aber intellektuell begründet werden kann; denn natürlich ist jeder Versuch, historische Vorgänge zu verstehen, auf die Erfahrung – und das heißt: auf den Vergleich – angewiesen. Dort, wo substantielle Ähnlichkeiten vorliegen, ist er nicht nur erlaubt, sondern geboten."

Wir sprechen über Deutschland.

In seinen „Studien über die Deutschen" fordert der Soziologe Norbert Elias, Geschichte nicht als abgeschlossen, sondern als Teil ihrer Geschichte zu betrachten. Eine Analyse der Geschichte könne nur gelingen, wenn das Individuum bereit wäre, diese Historie über einen langen Zeitraum zu untersuchen. Die Geschichte der Bundesrepublik Deutschland und der ehemaligen DDR begann nicht am 7. September oder 7. Oktober 1949.

Eine ihrer Wurzeln ist das Dritte Reich. Dessen Geschichte und die Nachkriegsgeschichte werden bis heute von vielen Menschen ebenso getrennt voneinander betrachtet wie die Geschichte des Kindes und des erwachsenen Menschen. Mit dieser Sichtweise bleibt jeder Versuch einer Erklärung defizitär. Das Ergebnis davon ist nicht die Erkenntnis, sondern der Mythos, nicht die Wahrheit, sondern die Lüge.

Die Freiheit ist immer die Freiheit der Andersdenkenden. Die Moral ist immer die eigene.

„Das ist einer der wichtigen Treffpunkte des Untergrundes. Uns interessiert vor allem, welche Diplomaten oder Presseleute dort verkehren, wie der Gegner versucht, Einfluß auf diesen Untergrund zu nehmen. Ob er ihn zu steuern versucht, ob er diese Leute mit Geld oder Publikationen versorgt. Der Gastgeber heißt Eckehard Maaß. Die Treffen finden nicht regelmäßig statt. An seiner Wohnung muß ein Gewächshaus oder ein Glashaus sein, vielleicht ein Wintergarten. Machen Sie sich mit dem Gedanken vertraut, daß wir Sie demnächst dort hinschicken werden. Natürlich werden wir Sie darauf vorbereiten. Gut wäre es, wenn Sie irgendjemanden finden könnten, der Sie mitnimmt oder einlädt. Wenn Sie alleine hingingen, könnte das Mißtrauen erregen. Eventuell fragt man Sie, woher Sie von den Treffen wissen. Irgendwie muß es uns gelingen, einen Zufall herbeizuführen. Haben Sie schon eine Idee?"

Ich hatte keine. Ein paar Scheine landeten in meiner Hand, ich quittierte. Am Abend saß ich allein in meiner Wohnung und versuchte mir den Zufall vorzustellen. Mir fiel nichts ein, ich hörte Musik. Ich zündete mir eine Zigarette an. Ich steckte mir Geld ein. Ich warf meinen Mantel über die Schulter. Mehrere Stufen auf einmal nehmend, verließ ich das Haus. Es war spät geworden. „Bleib doch hier, ich muß jetzt ins Bett", sagte Jacki. Sie zog sich ein T-Shirt an, löschte das Licht und schlüpfte unter die Decke. „Am nächsten Wochenende gehe ich zu Maaß. Kennst du Maaß? Wenn du Lust hast mitzukommen, nehme ich dich mit. Es wird dir gefallen. Ja, komm ruhig mit." Ich schlief neben ihr ein.

Sie redete von Bildern, und es regnete. Dann waren die Bücher dran und dann irgendein obskures Konzert, das in einem noch obskureren Winkel irgendwo in einem obskuren Staat in den Staaten stattgefunden hatte. Sie redete über die „Staaten" wie über Zahncreme. Der Regen floß in meinen Kragen, kam unten wieder raus und machte die Straße naß. „Irgendwann werd ich dabei sein." Es folgten endlose Erörterungen über Paß- und Zivilrecht. Ihr Vater wäre nämlich Kameruner. „Ich darf ihn nicht mal besuchen." Hinter unserem Rücken schepperte die Hochbahn in Richtung Alex. Wir spürten, wie sie rostete. „Ich hab nasse Füße", sagte sie. „Ich auch", brüllte ich hinterher. Atemlos standen wir in einem Hausflur. Ein Mercedes hielt. Der Klassengegner traf ein. Seine technische Überlegenheit bestand in einem riesigen Regenschirm. Elegant und trocken wie eine alte Bibel glitt eine Dame an uns vorbei. „Die darf", sagte ich.

Ich suchte das Glashaus. Nix Glashaus. Eine große Wohnung im Parterre. Schiefe Bücherregale, Bilder, Drucke, ein Harmonium ächzte adagio, Schultern rempelten sich, das Album traf ein, das Haar, die Brillen. Ich versuchte ein schiefes Lächeln und bekam ein Glas, an dem ich mich festhalten konnte. Ich ekelte mich, weil ich Angst hatte. Überall Gräben, zwischen jeder Brille und mir, zwischen jedem Buch und meinen schmatzenden Schuhen. Vom nächsten Geld würde ich mir neue kaufen. Dann ging es in die Küche. Lange Holzbänke und eine längere Lesung. Silbenmarmelade. Dada gegen Stasi. Dada gewann. Mir tat mein Hintern weh. In der Ecke zwitscherte der Klassengegner von Paris. Trat man näher heran, wurde Potsdam daraus. „Es ist nicht so überrestauriert wie bei uns. Irgendwie durchgeistigt. Authentischer." Ich blieb stehen und lächelte. Meine Augen baten: „Wenigstens eine kleine Verschwörung." Nix da. Jetzt waren sie in Passau. Das lohnte sich auch nicht. Ich trank Wein. „Bleiben Sie nicht bis zum Schluß da", hatte Scholz gesagt, „das fällt auf." Ich konnte mir nicht vorstellen, von der Stasi zu sein. Noch zwei Gläser, und ich hatte es vergessen. Ich blieb bis eins und ging. „Können wir Sie irgendwo absetzen", fragte der Feind. „Sie schreiben auch?" fragte sie. „Dann kann er uns doch mal besuchen", sagte ihr Mann, der fest und betrunken das Steuer hielt. Eine Hand gab mir eine Karte. Draußen leuchteten die Reklamen von Budimex und Maschpriborintorg. Und das Haus des Sports. Und das Haus der Zierfische. Und der Wild- und Geflügelladen. Draußen war es naß und spät. „Sie werden doch kommen?“ rief die Lady. Ihr Wagen bog um die Ecke. Aus dem Fenster winkte ein nackter Arm. Alles Sport.

## NEUNZEHNHUNDERTEINUNDACHTZIG

„Ruhe an der Kulturfront“ hatte der Mann als Losung ausgegeben, der neun Jahre danach behauptete, immer nur in Lagern gelebt zu haben. Freilich verkannte er das Wesen der Kultur, die aus Unruhe, Kommunikation und Teilchenbewegung besteht. Wie jedem zur Macht gelangten Kleinbürger blieb sowohl Hager als auch Scholz nur übrig, die Kunst entweder zu überschätzen oder sie als tertiäre Arabeske des Alltags zu verachten. Für eine Einsicht in ihre Eigendynamik mangelte es ihnen allen an Geist. Scholz’ Aufgabe bestand darin, Künstler zu überschätzen, beim ersten Niesen auf eine Epidemie zu schließen und das kleinste Wörtchen als Sturzbach von Rede aufzufassen. Die spezifischen Lagerbedingungen in der DDR hatten das „Normale“ verrückt, jedes Buch wurde vor seinem Erscheinen daraufhin begutachtet, ob es ein Kassiber wäre oder Kassiber enthielte, ob es die Sprache des Landes, also der Irrenanstalt, spräche oder ob es spräche. Denn die Mitarbeiter von Geheimdiensten sind Paranoide, die ihre Hysterie hinter ihrem Gefasel über Fakten verbergen.

„Vor allen Dingen interessiert uns, wer sich mit wem trifft, wer mit wem spricht. Lassen Sie es sich nicht anmerken, aber achten Sie darauf, wer mit wem am längsten redet, wer mit wem eventuell enger befreundet ist, welche emotionalen Vernetzungen bestehen. Wer kommt mit wem? Welche Leute verlassen das Treffen gemeinsam? Hören Sie gut zu, wer sich mit wem verabredet. Wer bringt Manuskripte mit? Läßt er sie da oder nimmt er sie wieder mit? Wem werden sie übergeben? Vor allem: Sind Ausländer anwesend? Wie verhalten sie sich? Übergeben sie anwesenden Personen Material oder nehmen sie selbst Dokumente in Empfang? Wer liest an diesen Abenden? Wie würden Sie den Inhalt des Gelesenen einschätzen?“ Gaga, ich verstand Banane. „Bei alldem interessiert uns natürlich Ihre Einschätzung, denn wir sind nur durch Sie anwesend.“ Mich interessierte der Blonde auf der Sofalehne, das Hemd offen bis zum Bauchnabel. „Wenn es Ihnen wichtig erscheint, den Abend zu verlassen, weil Sie einer Einladung folgen wollen, dann müssen Sie entscheiden, ob diese wichtiger ist, einen interessanteren Kontakt ergeben könnte, als das, was in der Veranstaltung noch folgen würde. Nicht unwichtig ist, welche Stimmung an diesem Abend herrscht. Ist man offensiv und zuversichtlich oder eher gedrückter Stimmung. Was erzählt man sich über die Szene, werden Projekte oder Aktionen angesprochen. Uns interessiert alles." Die Hose.

Nichts interessiert Verrückte so sehr wie der Geisteszustand anderer Leute. Wenn auch diese ein Glas zu viel trinken, zeigt es, daß man selbst nicht süchtig ist. Drei- oder viermal fragte mich Scholz in den nächsten Jahren, ob Hermann Kant noch normal wäre. Nach seinem Unfall habe er sich verändert. Ohne jede Frage wäre er nach wie vor ein zuverlässiger Patriot. Trotzdem war Scholz, zumal nach meinem persönlichen Treffen mit Kant, an einem „psychologischen" Gutachten interessiert.

Ich dachte und notierte. Wie immer würde der Bericht am besten schon gestern vorliegen. Die Leute waren eilig. Es war ein kleines Land, aber es hielt sie in Atem. In einer autistischen Gesellschaft ist es verdächtig, wenn zwei Leute miteinander reden. Das Schreiben von Berichten stand außerhalb dieser Wertung. Der Blonde schleppte mich ab. Es war eine fahle Ekstase.

## Steigende Flut

Der Spitzel sieht mit den Augen einer Fliege: Das Bild ergibt sich aus unzähligen Facetten. Tritt man zu nah heran, sieht man nur die Punkte des Rasters. Erst mit einigem Abstand formen sich Konturen und Linien, die Linien des Wahns. Alles in meinem Leben bekam solcherart Bedeutung, die Bedeutung eines vermeintlichen Geheimnisses. Denn der Spitzel lebt nicht, er interpretiert, er küßt nicht, sondern er sucht nach dem in diesem Kuß Bedeuteten.

Dem Führungsoffizier geht es darum, den Spitzel mit den ersten Aufträgen nicht nur an sich zu binden. Da die vom Spitzel verlangte Arbeit Ausschließlichkeit verlangt, muß er isoliert werden. Der einzige Ausweg aus dieser Isolation muß das Gespräch mit dem Führungsoffizier sein. Das Medium der Isolation, das Trennende zwischen Spitzel und Bespitzelten, ist das Wissen des Spitzels, sich dem Opfer im Rahmen einer

Inszenierung zu nähern. Er kann nie frei in Augen blicken oder in Arme schließen, wenn in der Brusttasche seines Sakkos das Bandgerät läuft. Diese Eigendynamik verhindert, daß der Spitzel in einen Kontakt zur observierten Gesellschaft tritt, Vertrauen zum „Feind“ faßt und sich ihm anvertraut. Er ist nicht nur Wärter, sondern auch Gefängnis und dessen erster Insasse. Er besitzt am Ende nichts mehr.

Ich trank Rotwein, er trank Gin. Ich trug Anzüge und er hautenge Jeans, T-shirts und Tennisschuhe. Ich flüsterte, er schrie. Ich starb, er lebte. Ich war pünktlich, er kam zu spät und suchte zwischen den andächtig Lauschenden nach einem freien Stuhl. Er setzte sich neben mich, riß meinen Rotwein um und quittierte die Tatsache, daß er die Dünndruckausgabe des „Zauberbergs“ versaute, mit einem glucksenden Gelächter. Heinz Kahlau las seine schönsten Gedichte, und wir beschlossen zu gehen. Wir tranken bis nach Mitternacht. Er lachte ein zweitesmal, als ich ihm einen Pyjama geben wollte. Nachts war er pragmatisch. Wir zogen durch alle Kaschemmen und beschlossen über unseren ersten Erzählungen ewigen Krieg. Er schrieb über die Gosse, er verehrte und kopierte Bukowski. Hubert Selbys „Last Exit to Brooklyn“ schockierte mich. Ich war entrüstet, er lachte ein drittesmal. Wenn ich zuviel getrunken hatte, hatte er die geradesten Beine der Welt und einen umwerfenden Charme. War ich nüchtern, bemerkte ich, daß man zwischen ihnen Einkriegezeck spielen konnte, ohne anzustoßen. In Prag quälte er mich damit, in der Bar des „Esplanade“ mit mir Tango tanzen zu wollen. Eine Giraffe und ein Pony. Er lachte zum viertenmal. Er verliebte sich, ich verfuhr nach der Muttermethode und spannte ihm das Objekt seiner Begierde aus. Das klassische Dreieck entstand. M. liebte J., A. liebte M., und J. liebte A. Er hämmerte an meine Tür und lachte nicht mehr.

Auch Scholz interessierte sich für ihn. Am 13.12.1981 wurde von Polens berühmtester Sonnenbrille das Kriegsrecht verhängt. In der DDR verstummten plötzlich die antipolnischen Witze. Kurz darauf nahmen sie andere Gestalt an. „Die Polen sollen arbeiten, dann geht es ihnen auch besser“, hieß es im Volk der Revolutionäre. Aber auf eine Stimmung verließ sich Scholz nicht, nicht er, nicht andere. „Dieser Virus kann jederzeit von denen bei uns aufgenommen und verbreitet werden, die mit dem Klassenfeind zusammengehen“, sagte Scholz. Erst einmal wurde die Grenze geschlossen, um dem Virus den Zutritt zu versperren. Der massive Protest der Amerikaner verhinderte den Einmarsch der Russen. Nicht aber den der unsichtbaren Truppen. „Wir haben Hunderte von unseren Genossen geschickt.“ Und nicht die Kommunikation. „In seinem Umfeld“, sagte Scholz, „muß es Personen geben, die den Kontakt zur Solidarnóć aufrechterhalten. Es existieren Hinweise anderer Quellen, daß Aktionen geplant sind und Ihr Bekannter damit zu tun hat.“ Ich erschrak. „Versuchen Sie darüber etwas herauszubekommen. Vielleicht nachts.“ Es gab keine Nächte mehr mit ihm. „Sollte sich das bewahrheiten, werden wir uns den Jungen einmal greifen müssen“, sagte der Greifer.

Wir waren betrunken. Das Taxi hielt an einer Ampel. „Weit und breit kein Auto zu sehen“, sagte der Fahrer. „Diese Idioten, Ampeln in der Nacht. Und am Tage funktionieren sie nicht.“ Der Wagen bog in die Rosenfelder Straße. Ich hatte Angst, Scholz hockte schwer und fett auf meiner Kehle. War das meine Stimme? Ein heiseres Krächzen. „Es wäre besser, wenn du dich vierzehn Tage aus der Schußlinie ziehen würdest“, flüsterte ich. Nach einer Ewigkeit drehte er seinen Kopf zu mir. „Du kannst deinen Onkels mal sagen …“, blökte er. „Gar nichts werde ich ihnen sagen. Verstehst du. Gar nichts.“ Er verließ das Taxi.

## Die konspirative Gesellschaft

Die Realität des neurotischen Individuums ist immer die gewünschte Realität. Es ist entstellte Realität. Um in Extremsituationen überleben zu können, müssen viele Menschen das Gefühl der Bedrohung und der Ohnmacht, ob vermeintlicher oder realer, verdrängen. Verschiedene Verhaltensweisen werden dabei an den Tag gelegt: das Individuum kann sich mit den „Tätern“ identifizieren, ihnen positive Eigenschaften zuschreiben, also sie idealisieren, es kann sich „unterwerfen“, also anpassen, oder nach vermeintlichen Nischen suchen, die ihm Unabhängigkeit und Autonomie vorgaukeln. Aber selbst in einem Nischendasein wird die Realität idealisiert, wenn das Individuum annimmt, freier Herr der Entscheidungen zu sein. In Wahrheit ist selbst die Nische ein funktionalisierter Bestandteil des

Systems. In jedem Falle wird Schrecken abgewehrt, nicht zur Kenntnis genommen oder bagatellisiert. Die Voraussetzung dafür ist das „Nichtsogenauhinschauen", denn das Wetter ist schön, das Essen war gut und alles ist letztlich „nicht gar so schlimm". Das Unerträgliche wird scheinbar erträglicher. Vor allem gehört man so nie zu den Tätern, man selbst ist nicht verantwortlich und vor dem Jüngsten Gericht unbescholten. Im Raum zwischen Schuld und Unschuld wächst das, was unter dem Begriff Opportunismus auf uns gekommen ist. Über den Opportunisten kommuniziert der Täter mit dem Opfer.

Das Ergebnis dieser Haltung der Massen ist die nonkommunikative Gesellschaft oder der konspirative Staat. Denn der Täter benötigt zur Tat nicht nur funktionierende Technik, sondern auch das Schweigen ringsum; nicht nur die Eisenbahnlinie, sondern auch den Unwillen der vielen, diese zu stürmen. Was wir unter dem Begriff Adolf Hitler kennen, ist nicht nur der am 20. April 1889 in Braunau geborene Mann, sondern auch das Einverständnis mit ihm, das sich entweder in unverhohlener Komplizenschaft oder im Schweigen manifestierte. Die Vorstellung eines auf dem Alexanderplatz krähenden Weltkriegsgefreiten, an dem die Menschen vorbei ihren Geschäften nachgehen, ohne ihn eines Blickes zu würdigen, ist angesichts der Vergangenheit von obszönem Reiz. Solcherart wäre er 1965 in einer kleinen Wohnung eines natürlichen Todes gestorben und fünfzig Millionen andere gleich ihm in ihren Betten. Die Macht und ihr Mißbrauch sind keine Naturkatastrophe, sondern die Folge erheblichen kollektiven Aufwands. Ob er sich in Tat oder Unterlassung ausdrückt, er kostet Leben.

Stolz und naiv berichtete ich Peter Edel von meiner Zusammenarbeit mit dem MfS. „Es ist schon spät, wir werden den Abend beenden", sagte er und brachte die Tassen und Gläser in die Küche. Von ihm hatte ich einen Rat erwartet, ein simples „gut" oder „böse". Auch von anderen. Doris, in deren Wohnzimmer ich Scholz zum erstenmal getroffen hatte, nahm meine Fragen und Signale mehrfach nicht zur Kenntnis. 1990 sagte sie: „Das habe ich nicht gewollt, das habe ich nicht gewußt." Aber warum nicht gewollt? Sie war Kommunistin und bejahte ihr Land. Was war die Stasi für sie? Sie hat die „Revolution" verteidigt, treu im Leninschen Sinne und treu bis zum Ende.

M., der nicht nur vorgab, mein Freund zu sein, sprach mich nach unserer gemeinsamen nächtlichen Fahrt in eintausendvierhundertundsechzig Tagen, die ich noch in der DDR blieb, niemals auf das an, was er wußte, aber nicht wissen wollte. Jan Koplowitz beschloß, nachdem ich das Gespräch am Kamin seines Hauses auf meine stillen Auftraggeber und mich richtete, Tee zu machen. Außerdem teilte er mir mit, daß er einen sehr guten Freund habe, einen der bekanntesten Mediziner der DDR, den ich wegen meiner Homosexualität konsultieren könne. Er würde mit ihm sprechen. Auch Dirk, dem ich meine Geschichte in zwanzig Minuten erzählte, reagierte nicht. Manchmal wohnte er bei mir, wir sahen uns an mehreren Tagen der Woche. Er lachte. „Du bist ein guter Erzähler."

## Labyrinth mit Verlies

Ich war fertig, und die Welt ging mir auf die Nerven. Wir machten eine Zeitung: von morgens bis abends hockten wir über den Korrekturfahnen. Der Genosse Honecker hatte etwas gesagt, der Parteifreund Gerlach hatte ihm beigepflichtet, die Werktätigen schickten zustimmende Briefe, der Rest hielt das Maul. Wir pinselten die Druckfehler aus den Seiten, die anderen ließen wir stehen. Die Journalisten öffneten ihre Aktentaschen, holten eine Flasche Korn heraus, und bis zum Abend waren sie besoffen. Mein erstes Interview schickte mich in das „Haus der Deutsch-Sowjetischen Freundschaft". Ein Höfling hatte über „unverbrüchlich, ohne Tadel, grandios" referiert. Für fünfzehn Zeilen brauchte ich drei Stunden. Ich lieferte irgendwelchen religiösen Quatsch. Die Russen sind die Größten, und wir werden ihnen noch in hundert Jahren die Stiefel lecken. „In diesem Jahr sind Sie unser Korrespondent beim Poetenseminar," sagte der Chef. Ich packte und fuhr.

Schwerin leuchtete. Mit einer Flasche Sekt in der Hand landete ich neben M. im Straßengraben. Als sie leer war, sahen wir aus wie die Schweine. Im Seminargebäude suchten wir nach einem Fick. Ein paar blaue Blusen taumelten mit Bier im Arm umher. M. inspizierte die Duschen und geilte sich an einem Arsch auf. Festakt: Ein glühender Verehrer und Zögling Alfred Kurellas, der im Moskauer Exil die Listen für die GPU zusammengestellt hatte und „die Guillotine" genannt wurde, sprach über unsere Bedeutung, und der Stuck an der Decke knackte. Vor Erhard Scherner, der es mit einer Ballade über Kröten in Schöneiche zu Weltruhm gebracht hatte, erschienen Dante und Schiller. Auf Knien flehten sie, er solle ihnen das Geheimnis seines Erfolgs verraten. Louis Fürnberg ließ sich erweichen: „Die Partei, die Partei, die hat immer recht." Aber sie alle erkannte man nur, wenn man besoffen war. Im Schweriner See starben die Fische.

Cocteau hatte die „Kinder der Nacht" während eines Entzuges in vierzehn Tagen geschrieben. Mir gelang es in einer Minute. Der Chef öffnete den Hefter. In der Mitte einer weißen Seite stand die Wahrheit: „Darüber kann man nicht schreiben." Er brüllte, die Kollegen lachten, so wenig brauchte es, um als „bizarr" zu gelten. Ich bekam das Freitagsprivileg, um noch vor dem Beginn des Andrucks zum Lichtenberger Bahnhof rasen zu können. Ein Abteilungsleiter revanchierte sich bei mir. Wenn er in der Mittagspause seine Geliebte besuchte, nahm ich die Anrufe seiner Frau entgegen. Fünf Stunden später war ich in Nordhausen.

Der Blonde mit der Beule holte mich am Bahnhof ab. Nach ein paar Monaten bat er mich, zu ihm zu ziehen. Wir wohnten in einem schiefen Bauernhaus mit Hühnerscheiße vor der Tür. Unsere Gasse hieß „Hinter dem Hammer", und unsere Vermieterin hieß Frau Schneegaß. Immerhin gestatteten sie uns, in Nordhausen bleiben zu dürfen. Dafür stand Frau Schneegaß in unserer Tür. Sie habe eine wunderschöne Neubauwohnung für uns gefunden. Es wäre sicher für alle das Beste, denn dort würde man uns nicht kennen. Als in New York die ersten an Aids starben, mußte sie noch auf andere Argumente zurückgreifen. Bei zwei Männern im Haus würde die Toilette stinken. Scholz hatte mir Erholung verordnet. „Melden Sie sich ab und an, das reicht." Die Erholung bestand im Geglotze der Bürger und der Fron, die mir der Blonde auferlegte. Aus der Küche duftete es. Er saß allein am Tisch. Mit der Bemerkung, daß ich meine tägliche Seite noch nicht geschrieben hätte, wurde ich an die Arbeit zurückbefohlen. Während ich unter dem letzten Absatz ächzte, entkleidete er sich. Vor dem Bett lagen zwei auf Quadrat gefaltete Frottiertücher mit zwei blitzsauberen Waschlappen darauf. Er ekelte sich selbst vor seinem eigenen Sperma und wischte es ab, bevor es trocken war. Stöhnte ich zu laut, so hielt er mir im Bett den Mund zu. Sein großer Traum war es, an meiner Seite zu Bedeutung zu gelangen, da er sich über seine eigene Unkreativität keine Illusionen machte. Wohnhaft in Nordhausen. Eines Abends suchte ich vergeblich nach einem Manuskript. Er teilte mir mit, daß es nicht gut genug war und gerade in einem seiner Öfen verglühte. Wollten mich Freunde besuchen, so fertigte er sie schon an der Tür ab. Muckste ich mich, so drohte er damit, später meine Memoiren zu schreiben. Systematisch hatte er meinen Papierkorb geleert und die von mir verworfenen Fassungen an sich gebracht.

Sauberkeit war erste Pflicht. Nach dreimal „Geschlechtsverkehr" bestand meine Alma Mahler-Werfel darauf, die Laken zu wechseln. Als wir sie auf die Leine hängten, fragte sie mich mißtrauisch, ob ich in Berlin ein Verhältnis habe. Ich erzählte ihr von Scholz und war froh, endlich mit einem Menschen gesprochen zu haben. Sie eilte ins Haus. Der festen Überzeugung, daß meine glückliche Zeit in Nordhausen zu Ende wäre, schlich ich hinterher. Am Küchentisch frönte eine kreideweiße Alma ihrem einzigen Laster, sie rauchte eine Zigarette. Mir wurde eröffnet, daß wir nicht nur Bettgenossen waren. Ich begann zu schwitzen. „Wir müssen weitermachen. Um jeden Preis", ächzte er. „Von nun an müssen wir alles, aber auch alles miteinander absprechen. Wenn es uns gelingt, sie gegeneinander auszuspielen, ist für uns eine Menge drin. Dann haben wir die Macht. Macht, Macht", stammelte er. Seine Rede verlor jeglichen Sinn.

Als sie ihn nach Berlin bestellten, zitterte er. Als er wiederkam, zeigte sein Gesicht eine Mischung aus Enttäuschung und Leichtigkeit. Unsere Väter waren kein Risiko eingegangen. Nach einem kurzen Verhör in einer konspirativen Wohnung teilten drei Offiziere ihm mit, daß er gehen könne. Damals hätte ein winziges Wörtchen von ihm dafür gesorgt, auch mich zu befreien. Von nun an wurde der Mantel des Schweigens über das Thema gelegt. Derartige Gespräche mochte er nicht, sie störten ihn. Scholz sah ich selten, er schien zufrieden, daß ich einigen kleineren Aufträgen trotz meines Aufenthalts in Nordhausen nachkam. „Wir müssen nur hin und wieder etwas bekommen, das wir abrechnen können." Endlich erhielt Alma die Nachricht, daß sie ihren Dienst bei den Museen in Berlin beginnen könne. Ich flehte und bettelte, in Nordhausen bleiben zu dürfen, aber die Koffer waren schon gepackt. Zurück in Berlin erwartete mich das Wehrkreiskommando zur achten Musterung. Siebenmal hatte ich den Dienst mit dem Hinweis auf meine Homosexualität verweigert. „Wir werden uns neutral verhalten", sagte Scholz. „Selbstverständlich könnte ich eine Anweisung geben, aber dann würden mindestens drei Leute erfahren, daß Sie für uns arbeiten. Trotzdem werden wir uns nicht den Ast absägen, auf dem wir sitzen." In einem Berliner Mietshaus in der Palisadenstraße fand ich mich auf einem knarrenden Kinositz inmitten des letzten Aufgebots wieder. Neben mir saßen Schwarze, ein Mann mit Federboa und die Kinder der deutsch-vietnamesischen Freundschaft. „Es tut uns leid, Ihnen mitteilen zu müssen, daß Sie dauernd dienstuntauglich sind." Zu Hause sprang ich jubelnd auf den Tisch. Alma teilte mir kühl mit, daß meine Seite noch nicht fertig wäre. In seiner Gegenwart bekam ich keinen mehr hoch. Einige Wochen später hatte ich ihn so weit, daß er heulend die Wohnung verließ. Aber er war der Meinung, von mir noch Geld zu bekommen. „Ich würde Dir raten zu zahlen, ich weiß manches von Dir." Daß auch ich manches von ihm wußte, fiel mir nicht ein. Ich blieb starr.

## Normannen

Dr. Müller wohnte in der Schröderstraße. Außerdem war er gegen die SED, die DDR, die DSF, den FDGB, die FDJ, den DFD, die HGL, den WBA, das MfS!, den ABV, das ABC, gegen Erich Honecker und Napoleon Bonaparte. Seine fruchtbare Familie stand ihm bei der Fülle von Aufgaben zur Seite. Angeblich schrieb Dr. Müller an einem Manuskript. Wer von den Bonzen ehemalige Nazis waren und wie es vertuscht wurde. Für Müller interessierte sich Scholz. Das Manuskript existierte nicht. Dr. Müller war der größte Feind des Staates in Nordhausen. Nordhausen ist klein, und einen brauchte man, um den riesigen Neubau an der Hauptstraße zu rechtfertigen. Angeblich gingen mehr Etagen in die Erde als in den Himmel. Zwanzig Etagen für neunzehn Einwohner. „Macht nichts", sagte Scholz. „Ich brauche nur hin und wieder was, das ich abrechnen kann." Außerdem gab es noch einen braunen Stuhl, der knarrte unverschämt.

In der DDR gab es eine Hauptstadt, ein Meer, eine Grenze, siebzehn Millionen Einwohner und einige Menschen, außerdem ein Politbüro, das zusammen 100.000 Jahre auf die Waage brachte und die Literaturzeitschrift „Temperamente“. Frau Dr. Mathilde Dau, nach der keine Straße benannt wird, schrieb mir, daß meine Gedichte schlecht wären. Wenn ich so schreiben würde wie Steffen Mensching, wäre es besser. Die eine war dick wie ein Weinfaß, der andere klein wie eine Parkuhr. Alma drängelte und wollte ihr Instantgenie auf den Parnaß joggen sehen. Bei täglich einer Seite kam eine Menge zusammen.

Scholz kochte. Er habe nichts dagegen, daß ich mir in der Ständigen Vertretung die Adressen westdeutscher Verlage besorgte. Aber solche Aktionen müßten vorher mit ihm abgesprochen werden. „Sie dürfen sich mehr herausnehmen als andere. Da Sie mit mir zusammenarbeiten, können Sie den Teufel auf dem Tisch tanzen lassen. Aber nur, wenn Sie mit mir zusammenarbeiten.“ Scholz wußte: Wann ich in die Ständige Vertretung gegangen war, zu welcher Uhrzeit, mit wem ich gesprochen. hatte und über was. „Aber nun mal ernst“, sagte er. „Sie haben genau das Richtige getan. An diesen Mann wollten wir schon immer ran. Aber niemand wäre auf den Gedanken gekommen, daß ausgerechnet Sie mit ihm zu tun haben werden. Das war eine Nummer zu groß für Sie. Ich muß jetzt abklären, ob wir Sie an ihm dranlassen oder nicht. Das ist eine ganz gefährliche Aufgabe. Wann kommen Sie aus Nordhausen zurück? So bald schon? Das ist sehr gut. Dieser Mann ist uns seit langem ein Dorn im Auge. Wenn es klappt, können wir beide ganz groß rauskommen.“ Auch Alma interviewte mich. Ob mir der Mann gefallen habe. „Wenn er schwul ist, hätte ich nichts dagegen, wenn Du mit ihm schlafen würdest. Wenn es für Deine Karriere ist, bin ich nicht eifersüchtig.“ An den Kiesgruben kreischten die Kinder.

„Meinen Sie, daß er so ist wie Sie?“ fragte Scholz vorsichtig. „Sie wissen, daß wir gegen Homosexualität nichts haben. Wie soll ich es Ihnen sagen, aber wenn er Sie einmal einladen würde, wäre es schön für die Arbeit, wenn Sie ja sagten. Gefällt er Ihnen eigentlich?“ Ja, er gefiel mir, wenn ich an Alma dachte. Gut für ihn: er war verheiratet, aus Neigung. „Also er gefällt Ihnen?“ Scholz lachte. „Dann ist es für Sie doch ein Leichtes, das Angenehme mit dem Nützlichen zu verbinden. Für Sie könnte dabei übrigens eine Menge rausspringen. Wissen Sie eigentlich, wieviele Genossen in den Büros sich nach Ihrer Tätigkeit sehnen. Ha …" Es mußte schlimm sein, dachte ich an all die ungezählten Stunden, in denen Scholz sich durchaus animiert „Sex" erzählen ließ. „Und wie ging es weiter?" fragte er. „Jetzt habe ich eine Geschichte für Sie", sagte er. „Sie kennen doch sicher Zinner. Vor einiger Zeit machte er eine Regie in London. Die Briefe an seinen Freund hätten Sie lesen sollen." Allem Anschein nach gehörten sie in der Normannenstraße ebenso zur Pflichtlektüre wie „Mein Kampf". „Als wir sie verhafteten, das muß ich Ihnen erzählen, eine Orgie." Scholz trat der Schweiß auf die Stirn. Der Normanne entblätterte sein Dekamerone. Mit Sex konnte man ihn bei Laune halten.

„Wir haben berechtigte Hinweise, daß seine Frau es mit der Treue nicht so genau nimmt. Anscheinend steht sie auf jüngere Männer. Also … meinen Sie, daß Sie sich eventuell … wie soll ich es sagen … einmal für uns überwinden könnten?" Was an mir nicht käuflich war, war mein Schwanz. „War ja nur eine Frage", sagte Scholz. „Übrigens könnten Sie sich auch in diesem Schwulenkreis mal wieder blicken lassen. Wir brauchen einige Nachrichten. Und auch in Sachen Literatur und Kollegen. Aber eigentlich habe ich vor, Sie nun stärker in Richtung Vertretung und Korrespondenten einzusetzen. Sie machen sich, mein Lieber. Kein verschenktes Geld… Apropos, wieviel brauchen Sie? Gut, daß Sie bald wieder hier sind." Wir verließen getrennt die Wohnung. Draußen rauschte der Verkehr.

## Im Zeitraffer II

In kleinen Ländern gibt es große Aufgaben. Der Frieden, die Freiheit, der Kommunismus, der Klassengegner, der verschärfte Kampf des geschärften Schwertes… Hausgemachter Tinnef, mehr Aufgaben, mehr Mitarbeiter, mehr Abrechnungen am Ende des Jahres. Im August hieß es, „wir müssen Benzin sparen, nehmen Sie sich ein Taxi und geben Sie mir die Rechnung." Im Dezember fuhr man mit dem eigenen Auto fünfmal um den Block, damit es im nächsten Jahr weitergeht. Das ständige dynamische Leistungswachstum. Schizophrene bezahlen nicht zweimal die Miete. Aber sie verlangen zweimal Lohn. Für zwei

Seelen, die private und die zum öffentlichen Nachschlagen. Der Wald starb unter unseren Blicken. Wurden die Menschen an der Grenze gleich erschossen, um so besser, weniger Aufwand, weniger Akten. „Weg mit Schaden." Wer sagte das? Tischlein streck dich. Knüppel aus dem Sack, Schwerter, das Auge des Auges, des inneren Auges, des inneren Auges. Und immer noch mehr Wachstum. Sie bauten an, Erker, Kerker, Simse und Kamine. Der Mensch wills warm.

Ich träume, es wäre vorbei. Es geht weiter. In der Sowjetunion existiert der KGB noch. In China wird ein Mensch für die Jagd auf Pandabären getötet. Für Fahrraddiebstahl getötet. Für Homosexualität getötet. Für falsche Meinung getötet. In der Sowjetunion wird Homosexualität bestraft. In Kalifornien ist Analverkehr ein Verbrechen. Der Papst ist schwul, draußen fällt Schnee und an meiner Haustür klebt ein Plakat. Große Köpfe nebeneinander: Marx und Lenin und Stalin und Mao Tse tung. Idealisten allesamt und ohne Ausnahme. Der erste ersetzte Hegels Weltgeist durch die Arbeiterklasse. Sein monatliches Einkommen war erheblich. Während seine Kinder hungerten, rauchte er Zigarren der Luxusklasse. Lenin und Trotzki. Standgerichte, ohne selbst etwas Neues auf die Beine zu bringen. In einer der letzten Sitzungen, an der Trotzki noch teilnehmen durfte, stimmte er aus Disziplin für Stalin. Dieser endlich stand Hitler in nichts nach. Am Ende seines Lebens plante er die Deportation aller Juden in seinem Machtbereich. Wer es wußte und fliehen konnte, floh. In die Korridore der Pekinger Universität schütteten Maos Kommunisten Berge von Glasscherben. Die Professoren mußten sich entkleiden. Nachdem sie einige Meter auf dem Bauch gekrochen waren, bettelten sie um den Tod. Unser Jahrhundert sah manches an Revolutionen und Kulturrevolutionen. Immer zerstörten sie das, was vorhanden war. Ossip Mandelstam grub im Müll des Gulags nach Nahrung. Pasternak überlebte. Nicht wenigen bleibt das Entsetzen vor diesen Köpfen und denen, die man nie auf Plakaten sehen wird.

Jeder Mensch auf Erden ist verantwortlich für jedes Menschen Tod. Aber den meisten Idealisten gilt Disziplin mehr als das Leben. In ihren Ideologien richten sie sich ein wie in englischen Schlössern. Durch deren Gräben schwimmt niemand, ohne zu ersaufen. Die über uns wachen, sind Leichen. Wären sie lebendig, würden sie ihre Zeit nicht auf Macht verschwenden, die sie in sich stopfen wie eine Droge. Sie sind abhängig, wir liefern. Ich wünschte, alles wäre ein Traum zur Teezeit.

Der Schwulenkreis: Natürlich versuche die Kirche, alles zu binden, was sich ihr böte. Als die Schwulen einen eigenen Stand beim Kirchentag verlangten, wiegelte man ab. Man dürfe die anderen Gläubigen nicht vor den Kopf stoßen. Ich berichtete. Anwesende, Inhalt der Gespräche, Konflikte. Wo war der Knackpunkt, wo die Bruchstelle, in die man schlüpfen könne. Teile und herrsche!

Die Komische Oper: In ihrem Casino ging ich ein und aus. Einige Sänger gehörten zu meinen besten Freunden. Zwischen den einzelnen Aufträgen lebte ich. Zwei, drei Seiten über Zuverlässigkeit oder nicht. Wen könne man ins Ausland lassen und wen nicht. Meinen Freunden bestätigte ich Zuverlässigkeit. Vielleicht ließ man sie deswegen nicht fahren.

Burghard L.: Frank B. machte mich mit ihm bekannt. Beide hatten sich im „Wachregiment Feliks Dserschinski" kennengelernt. Unter Pseudonym begann B. eine Karriere als Schauspieler. Er beging den Fehler, mir den Grund seiner Namensänderung zu erzählen. Mit einem Vater, der einer der höchsten Offiziere des Wachregiments war, hing ein Klotz an seinem Bein. Einzig seine Schwester wisse, daß er schwul wäre. Bei den gelegentlichen Essen im Familienkreise erzählte sie von den wechselnden Freundinnen ihres Bruders. Scholz horchte auf. Ein Mensch war kein Mensch, sondern zu Zeiten ein Loch in der Abwehr. Die Häuser in der Friedenstraße wurden eingerüstet und glichen sich wie ein Ei dem anderen. Ich hatte mir B.s Hausnummer nicht gemerkt und stand ratlos vor den Zementhaufen und Armiereisen. Ich rief in der Firma an. Wie immer meldete sich die Stimme der Sekretärin. „Fritz ist nicht da." – „Ich bin unterwegs zu B. Könnten Sie bitte einmal nach dessen Hausnummer in der Friedenstraße schauen." Sie suchte und fand nicht. Der Abend kam. „Mein lieber Freund", seufzte Scholz. „Da ist uns beiden eine Schlappe unterlaufen. Aber machen Sie sich keine Gedanken. Es war mein Fehler. Manchmal kann man eben nicht so dumm denken, wie es kommt." Als er nach meinem Telefonat im Büro erschien, empfing ihn seine Sekretärin mit Schweigen. Dann wurde sie laut. „Was wollt ihr von meinem Bruder?“ Sie hatte ihn lange geschützt, nun war sie an der Reihe. Scholz bestellte Kognak. „Machen Sie sich keine Gedanken. Wir haben sie uns erst einmal zur Seite genommen. Sie weiß genau, was ihr passiert, wenn sie quatscht. Außerdem geht es uns nicht darum, aus dem Material was zu machen. Wir wollen es nur haben, um es bei Gelegenheit aus der Schublade ziehen zu können. Natürlich geht es uns nicht um das Nachtleben des Sohnes, sondern um einen Vater, der in seiner Position davon nichts weiß. Er ist ein Risiko.“ Es ging um seinen Kopf. Eine meiner ersten Fragen im Januar 1990 an Frank B.: „Was macht Burghard jetzt?“ Ihm war nichts geschehen. „Sein Vater hat sich in seinem Zimmer eingeschlossen und säuft. Er verläßt es nicht mehr.“ In einem seiner Briefe nach Westberlin schrieb M. über unsere gemeinsame Zeit in der DDR. Er nannte mich „ein verzerrtes Höhlenwesen“. Es begehrte Leben, Licht und Atmenkönnen. Daß Burghard mich kaum eines Blickes würdigte, entfesselte meinen Haß, den Wunsch, ihn zu vernichten. Nach und nach findet jedes Schwert seinen Wald.

Der Sommerabend ließ sich fallen mit Staubgeruch in alle Nasen. Die meisten Fenster standen offen, und auf den Gleisen fuhr die Bahn. Im gelben Licht der vielen Zimmer sah ich die Möbel, selten Menschen. Es war spät. Schönhauser Allee stieg ich aus und ging die Stufen zur Straße hinab. Über mir donnerte der Stahl. Aus der Kneipe schlug mir schaler Biergeruch entgegen. An der Klotür wachte eine strickende Frau. „Immer nur einer!“ Es war voll, Schulter an Schulter, der Rauch biß in den Augen. Einige Gesichter schienen das vollendet Böse zu zeigen. Das waren die Harmlosen. Andere sahen aus wie Engel. Sie waren es, die in unverhoffte Fallen lockten. „Darf ich Sie einladen?“ fragte einer. Seine Schultern waren breit wie ein Bechstein. Er durfte es einmal, zweimal, dreimal. Er durfte es um einundzwanzig Uhr, um zweiundzwanzig Uhr. Ab Mitternacht tranken wir in seinem Appartement. Ich nahm die Flasche mit ans Bett. Wir zogen uns aus und knutschten. Seine Zwergpudel spielten verrückt. Wir wälzten uns auf dem Bett. Sie machten es sich zwischen unseren Beinen bequem. Als Herrchen zu stöhnen begann, fingen sie an zu jaulen und hüpften über das Bett. Dann wurde er still.

Der Genosse Scholz sagte immer irgendetwas. „Das wäre

wieder etwas für Sie. Wir haben Hinweise, daß der griechische Botschafter so ist wie sie." Scholz schwitzte. „Aus Quellen wissen wir, daß er seinen Sekretär, haha, wahrscheinlich flinker Stenograph", – haha, lachte ich pflichtschuldigst – „und seinen Koch überall mithinnimmt. Wir würden gerne mit Ihnen planen, ob wir igendwie in die Botschaft hineinkommen. Es wäre uns ziemlich wichtig, den Mann in unsere Hände zu bekommen. Allem Anschein nach hat er eine beträchtliche Karriere vor sich. Seine Homosexualität versteht er vor den eigenen Leuten zu tarnen. Warum grinsen Sie so? Sein Koch, mit dem er anscheinend nicht nur kulinarische Vorlieben teilt, haha, haha, wäre genau das Richtige für Sie. Er verkehrt jede Woche einmal im 'Burgfrieden'." Ich brach in Gelächter aus. Es war ein Spiel, ein Sport, Monopoly, Mensch-ärgere-dich-nicht, wenns nicht klappte. Es war normal, es war gar nicht geheimnisvoll. Es war böse, und machte Spaß. Der Haß rekelte sich in mir und schlug krachend die Arme hinter den Kopf. „Notieren Sie sich mal den Namen", sagte Scholz. Bevor er die Straße nannte, nannte ich Haus und Telefonnummer. „Schon in Arbeit", sagte ich. „Phantastisch. Damit sind wir wieder voll dran." Wir suchten beide nach einem Grund für das nächste Treffen. Da ich neue Hosen brauchte, sagte ich Scholz, daß er mir angeboten habe, für mich in Westberlin einzukaufen. Er zog die Mundwinkel nach unten. „Valuta. Das wird ein bißchen schwierig." Das Geld landete bei mir. Die Sache selbst ließ ich einschlafen mit dem Hinweis, daß er nicht ans Telefon gehen würde. Mich grauste es vor Nacht mit Pudeln.

Es war *mein* Auto. Straßen, Häuser, Namen, Geburtsdaten, Gesichter … an der Seite von Killing Daddy lernte ich meinen Teil DDR kennen, meine Baracke, meinen Appellplatz, meine Gesichter, sie alle, entstellt bis zur Kenntlichkeit. Der Pakt lohnte sich. Mephisto flog mit mir über die Landschaft, mitunter landeten wir, um am Hofe Helenas oder bei irgendeinem Gretchen einzukehren. Mich grauste es nur, wenn ich nüchtern war. Aber wozu der Schrecken? Mich lockte das Leben selbst. Und es verschwand in meinem Durst. An der Flanke des Waldes begann sich etwas abzuzeichnen, das aussah wie eine Schneise. Schönes, lebendiges, duftendes und weißes Fleisch. Schenkel und Häuser, Hausnummern und die Jahreszeiten. Wir kehrten das Oberste zuunterst. Wenn wir eintrafen, wurden aus Wein Tränen oder Geld.

Die Sache duldete keinen Aufschub. Das Fest stand vor der Tür. Schon bauten sie die Tribüne für die Greise mit Panama und weißen Blazern und roten Nelken und dummen Sprüchen. Wir grüßen die Angehörigen der Schutz- und Sicherheitsorgane, sie leben hoch, hoch, hoch! Bevor es soweit war, mußten sie erst einmal unter Beweis stellen, daß sie schützten und sicherten, vor allem ihren schlechten Ruf. Flugblätter waren aufgetaucht in Briefkästen, an Straßenbahnhaltestellen, schon redete man über sie. Scholz hatte eine Gruppe im Auge. Aus einer seiner sprudelnden Quellen hatte er „Hinweise“ bekommen. Leider nicht aus der Gruppe selbst. Dann wäre es ein „Kinderspiel“ gewesen. Zum erstenmal wurde ich auf einen „gezielten Einsatz“ vorbereitet. Stundenlang planten und arbeiteten wir. Bis in die Nacht hinein. Daddy war fair. „Trauen Sie sich das zu? Wir haben keinen Besseren. Wie ich Sie kenne, muß das eine reizvolle Aufgabe für Sie sein.“ Dr. Jekyll bebte. Und Mr. Hyde suchte in der Kommode nach der passenden Krawatte für seinen Streifzug. „Die Gruppe trifft sich bei einer Freundin. Sie hält sich mit Näharbeiten über Wasser.“ In seinen Unterlagen suchte er nach einer Party, an der ich teilgenommen haben könnte. Die Tasche gebar viele Partys. Gesucht werden mußte eine mit möglichst vielen Gästen, so daß ich, der nicht anwesend war, anwesend hätte sein können. Niemand durfte sich an mich erinnern, und jeder müßte sich von Fall zu Fall auch an mich entsinnen. Während wir unsere Überlegungen anstellten, fiel mir das gesuchte Verbindungsglied ein. Eine Freundin von mir, die die Näherin kannte. „Könnte die Ihnen nicht …?“ Am Abend besuchte ich sie, ausgerüstet mit Zigaretten und Wein. Am Anfang: Literatur, dann DDR, Dr. Jekyll mußte nicht einmal heucheln. Er mußte nur ein Gespräch führen und Hyde zuhören lassen. Dann klagte ich darüber, daß ich niemanden hätte, der mir neue Gardinen nähen würde. Eine ihrer Freundinnen würde nähen. Na also, das war Hyde. „Prima“, sagte Scholz am nächsten Morgen. „Wie immer, Sie wissen ja, das Gespräch nie auf die Sache selbst lenken. Na, das beherrschen Sie ja am besten. Es könnte sein, daß irgendwo in der Wohnung die Flugblätter versteckt werden. Vielleicht werden sie Ihnen gezeigt. Nehmen Sie ja keines an. Wenn die das vor Gericht aussagen, muß ich sehen, wie ich Sie da rausboxe. Auf keinen Fall dürfen Sie uns 'anbrennen'. Vor allem aber denken Sie daran, daß wir sie bis spätestens 29. April haben müssen. Dann können wir sie zumindest bis zum 2. Mai isolieren. Für den 1. Mai wurde erhöhte Sicherheit befohlen. Es darf uns nichts passieren", sagte er beschwörend. „Vor allem müssen wir noch genügend Zeit haben, die Hintermänner bis zum 1. Mai aus ihnen herauszubekommen. Spätestens am Vorabend müssen wir sie haben. Wir wissen nicht genau, wieviele es sind. Eigentlich wissen wir gar nichts. Es liegt an Ihnen." Man nahm Notiz von mir. Ich blähte mich zur Größe eines Monuments. Unter Scholz' Blicken atmete ich, ich lebte und fühlte, wie das Blut in den sechstausend Meilen meiner Venen und Arterien raste. In ihrer Küche machte sie mir Tee. Zunächst sprachen wir von Stoffen und Schnitten, tastete ich mich zum Rand ihrer Seele. Ich mußte jede Schwingung meiner Stimme, jeden Augenaufschlag, die Tempi meiner Handbewegungen auf sie, auf die Farbe ihres Kleides, auf jede Nuance ihres mir gezeigten Seins abstimmen. Das, was ich in meiner Kindheit gelernt hatte, um zu überleben, wie war es mir schmiegsam. Prinz von Dänemark? Bitte sehr, bitte gleich. In der nächsten Sekunde war ich Maria Stuart und flehte um Freiheit. Strindberg? Kein Problem, ich mußte mich nur erinnern. Aber nein, nicht erinnern, anklingen lassen, tasten, nur zart berühren. Denn das bewußte Spiel ist hölzern und grob. Noch eine Tasse Tee? Ich teilte ihre Verzweiflung, es war ja meine. Noch eine Zigarette? Ja, alles war schlimm. Noch ein halbes Stündchen. Ahhh, jetzt hatte ich sie soweit. Ich redete, ich schwieg, ich litt mit ihr. Alles wurde still. Ich erlöste sie aus ihrer Einsamkeit. Ich ließ sie erzählen. Im Nebenzimmer sah ich einen Stapel Zettel. Ich spürte mich nicht mehr. Ich war Bühne und Kostüm und Rolle und Regisseur. Man hat sie alle abgeholt. Nichts störte die auf der Tribüne, und sie merkten nicht einmal, warum sie nichts störte.

Es brachte Geld und Geld und Geld brachte Schnaps und Schnaps brachte Vergessen. Ein Mantel legt sich Schluck für Schluck um dich. Erst merkst du es in den Wangen, dann in den Händen, sie geben endlich Ruhe, dann kannst du wieder lächeln, du bist anwesend, endlich lebst du wieder, denn dein Dealer hat dich besucht, und wenn du ganz besoffen bist, bist du endlich wieder einmal nüchtern. Nach Tagen siehst du zum erstenmal wieder die Bilder an den Wänden. Und hast du genug getrunken, schweigen endlich die Stimmen, und du hörst das letzte Triangel im Fortissimo. Dann trinkst du weiter, du bleibst noch ein Weilchen nüchtern, und das erste, was zurückkehrt, ist das Gefühl, betrunken zu werden, und der Haß, auf jede Blüte, jeden Halm, auf alles, was lebt. Und du stirbst. Ich fiel über den Tisch, die Flaschen fielen zu Boden. Ich rechnete. Wieviele haben sie geholt? Sechs Leute? Das macht vielleicht mal vier… ich brachte es nicht zusammen… Sterben und Rechnen… zuviel… noch einen Schluck, noch einen, noch einen, die Scheißplatte war schon wieder zu Ende… noch einen Schluck… jetzt hatte ich es… das machte vierundzwanzig Jahre… auf tausend müßte man es bringen, auf tausendundeines.

Am Morgen einen Bericht, am Mittag einen Bericht, das Auto hält in einer der Seitenstraßen, einige Worte, eine Runde um den Block, die Tasche lächelt. Dann eine Flasche und das Ende eines Sonetts. Denn der destruktive Charakter schreibt leicht und gut inmitten Gerölls. Blank müssen die Knochen sein, die Sonne muß auf ihnen schimmern, daß er überhaupt etwas sieht. Der destruktive Charakter kann kaum gehen, er läßt sich schieben. Er kann kaum hören und hat schlechte Augen. Seine Gefühle sind aus Papier. Haßt er den Kies in den Parks? Er verachtet nur, und in jedem anderen sich selbst. Aber am Abend tritt das Wild noch einmal auf die Lichtung. Aber am Abend ist der Gewehrlauf gereinigt. Und wozu ist ein Killer gut? Ein Killer, der nicht killt, wird selbst gekillt. Von seinen Erinnerungen. Er muß laufen, bis es ihm den Atem verschlägt und er zu Boden sinkt. Noch läuft er, Runde um Runde.

Mit dem Schmerz tauchen Gesichter auf. Meist waren sie jung, immer aber sahen sie freier aus als jene, die sich angepaßt hatten. Irina K.: Nach den Vorstellungen meines Meisters koordinierte sie den Schmuggel von Ikonen aus der Sowjetunion in den Westen. Vielleicht kannte sie einige Leute, die mit der Russian Connection zu tun hatten. In ihr schwarzes Haar hatte sie bunte Perlen geflochten. Von ihr hörte ich zum erstenmal einige Namen: Achmatowa, Zwetajewa, Mandelstam und Gumiljow. Ich dachte an den Bericht, den ich über sie schreiben würde, und sie sagte zu mir: „Schreib so wie die!“ Mit ihrem Freund wollte sie sich ein Haus kaufen, das viel Platz für Freunde und Gäste haben sollte. Ich ließ sie in Frieden.

Jeden Montag um zwanzig Uhr gab es den Durchhaltefilm. Die UFA lieferte uns Fröhlich, Hildebrandt oder Forst, Leander, Negri oder Rökk. Auf dem anderen Kanal machte sie Werbung für Hormocenta. Die deutsche Geschichte ging weiter. Denn davon geht die Welt nicht unter, scheint sie euch manchmal auch grau, einmal wird sie wieder bunter, einmal wird sie wieder himmelblau. Jäh endeten die Filme. Und irgendwann war das Programm zu Ende. Was bleibt? Das grelle Zischen eines Testbilds.

Eine Woche lang besuchte mich Benjamin immer wieder. Ich stand jeden Morgen vor der Luke im Bahnhof Friedrichstraße und wartete auf sein Gesicht, auf sein Lachen. Am Ende seiner Ferien mußte er nach England zurückkehren. Schon hatte er die Glastür in der Hand. Er drehte sich um, stürzte auf mich zu und umarmte mich. „I love you“, flüsterte er dicht an meinem Ohr und verschwand. Fassungslos starrte ich in das Nichts. Ich bekam einen Schreikrampf und fiel um. Neben mir kramte eine alte Frau nach Taschentüchern. „Das geht nun schon zwanzig Jahre so“, sagte sie. Kurze Zeit später las ich in der Auferstehungskirche „Meine preußischen Verse“. Scholz' Tasche brachte das Gutachten eines Kollegen zum Vorschein. „S. übte massive Kritik an den Grenzsicherungsanlagen der Deutschen Demokratischen Republik.“ „Eine prima Legende“, sagte er.

Andreas Sperling, Flugzeugmechaniker: Ich lernte ihn in einem Café kennen. Gemeinsam flogen wir nach Prag, er stellte mir seine Freunde vor. Ladislav Fuks gab ein Fest für uns, einem Waschtrog voller Kaviar und die Gäste, alles, was besser und teurer war. Den Chefarchitekten Mittelböhmens, einen der Chefs des Prager Flughafens, viel Elektronik und noch mehr Freunde. In einer Badewanne massierte ich Jirkas schönen Leib mit einer Wurzelbürste. Er schloß die Augen… „Weiter“, ächzte Scholz. Prager Gesellschaft, Hasardeure, Oppositionelle, Spitzel. Scholz interessierte sich für dieses „Potential“, für dessen gesellschaftliche Seitenverbindungen, für die Informationen, für den Klatsch, vor allem für Leute, denen man aus pekuniären Verlegenheiten helfen könnte. Prag interessierte ihn wegen der dort stattfindenden Treffen zwischen Ost und West. Als eine Drehscheibe des „Ausreisegeschäftes“ nahm die Stadt in diesen Jahren an Bedeutung zu. Das MfS brauchte dort Spitzel und Stützpunkte. Besonders nach der Gründung der Charta 77 betrachteten die Normannen ihre tschechischen Kollegen eher mitleidig. Einzig „deutsche Gründlichkeit“ schien ihnen als Garantie für den „Endsieg“. Das MfS operierte in Prag und nicht immer mit dem Wissen der „Hausherren“. Ob von Belang oder nicht, um seine Karriere zu fördern, peppte Scholz alles, was ich lieferte, zur Relevanz auf.

Für mich waren die Flüge nach Prag willkommene Abwechslung. Das Essen an der Moldau schlug den Ostberliner Fraß um Längen. Scholz beschloß, mich von nun an zu begleiten. Der Dicke grinste und machte sich auf die Socken. Ich tauschte offiziell ein paar Kröten bei der Staatsbank. Ich kaufte ein Ticket bei der ČSA. Wie jeder andere ließ ich die Kontrollen in Schönefeld über mich ergehen und landete fünfundvierzig Minuten später in Scholz' Protektorat Böhmen. Wenn Jirka auf dem Flughafen arbeitete, trank ich ein Glas mit ihm, und manchmal wartete ich, um mit ihm gemeinsam in die City zu fahren. „Wenn du dich langweilst“, sagte er, „da stehen die Telefone.“ Er legte mir eine Liste mit sämtlichen Vorwahlen von Vanuatu bis Syrakus N.Y. vor, und ich frischte alte Bekanntschaften auf. „No, kostet dich keinen Heller.“ Am Abend war auch Scholz eingetroffen. Meist fuhr er mit dem Wagen und wurde an der tschechischen Grenze bevorzugt abgefertigt. In seiner Tasche lagen die drei- oder fünf- oder sechstausend Kronen für meine Woche. Wie immer trafen wir uns in der Trattoria im Schatten des „Narodni divadlo“. Der gute Hirte befahl: Entspannen! Er enterte den Tresen und räumte ab. Wir fraßen uns in Serpentinen durch Suppe, Salat, kalte Vorspeise, dampfende Ragouts in Richtung Fisch, seufzten tief beim Entrecôte double und entspannten über dem zuckrigen Parfait. Bei Likören und etlichen kleinen Bierchen besprachen wir den Plan für die Woche. „Vielleicht sollten Sie diesen, ach ich hab den Namen vergessen, diesen Dingsda als erstes besuchen.“ Schnell und unauffällig drückte er mir im Hof ein Bündel Scheine in die Hand. „Gleiche Stelle, gleiche Welle.“ Mit raschen Schritten ging er zum Moldauufer. Manchmal trafen wir uns spät in einem Park, auf dem Letna oder am Fluß. Für besondere Fälle gab er mir eine Telefonnummer, meine hatte er zumeist. Die Bedingungen waren günstig, ein Freund überließ mir für meine Prager Visiten seine Wohnung oder Scholz quartierte mich im „Esplanade“ ein. Auch in Prag war er stets in Eile. Oft wohnte er in einem „Objekt der tschechischen Genossen“. Von ihnen ließ er sich mit Hintergrundinformationen über meine Bekannten versorgen. Da gäbe es eine Frage, dort einen Hinweis, einen kleinen Verdacht oder eine winzige Unklarheit. Die Nächte verbrachte ich in einer Bar oder in irgendeinem Schlafzimmer. „Schreiben Sie: für die Erfüllung von Aufträgen in Prag erhalte ich vom MfS 1500 Klammer auf eintausendfünfhundert Klammer zu Mark. Datum und Ihre Unterschrift.“

Andreas Sperling versprach mir, beim nächsten Flug nach Prag Manuskripte mitzunehmen. „Du bist schon zurück“, sagte ich erstaunt. „Ich war gar nicht weg“, erwiderte er. Mit klebrigem Gaumen erzählte er mir die Geschichte der letzten Tage. In Schönefeld wurde bei der obligatorischen Schnüffelei in Socken und Unterhosen nach den Skripten gesucht. Wir hatten uns beide nichts dabei gedacht. Ein paar Blätter Papier sollten von A nach B. Diesmal bekam ich die andere Seite des Schwertes zu spüren.

Wem die Skripte gehörten? Wer dieser Mensch wäre? Wie er zum Staate stünde? Ob der Transfer angemeldet sei? Wie er zu mir stünde? Und zum Staat? Er protestierte, die Maschine nach Prag startete ohne ihn. Nach zwei Stunden wurde er „übergeben“. Ein Wagen fuhr ihn ins Polizeipräsidium am Alexanderplatz. Die Verhöre wurden fortgesetzt. Er bat, seine Tabletten, ein Kreislaufmittel, nehmen zu dürfen. Sie wurden ihm nicht ausgehändigt. Wenn er sich allerdings etwas kooperativer zeigen würde. Was die Gedichte eigentlich ausdrücken würden? Denn natürlich würde der Vernehmer nicht viel von Poesie verstehen. „Gestatten Sie mir bitte eine Frage. Ist das wirklich so? Wer von Ihnen ist denn die Frau?“ Schweigen. „Na ja, ich meine, wer liegt denn unten? Wer macht den Haushalt?“ Wieder zu den Skripten: „Sie sind ja schon einen Tag hier. Ist Ihnen noch etwas eingefallen? Nein?“ Zurück in die Zelle, nix Tabletten, nix Auskunft. Zurück zum Verhör, dann endlich: „Selbstverständlich müssen wir die Gedichte beschlagnahmen. In unserem Staat kümmert man sich um die Kunst." Man brachte ihn zum Tor. Was, das Ticket ersetzen? Er solle froh sein, so schnell wieder rauszukommen.

Daddy lächelte. Daddy war abgeklärt, souverän, sachlich, er sprach mit sonorer Stimme. Natürlich gäbe es auch einmal eine Panne, ein Unrecht. Die DDR wäre ein ganz normaler Staat. Natürlich würde auch einem Polizisten mal die Hand ausrutschen. Dies würde immer streng geahndet. Natürlich müsse er sich nun erst einmal sachkundig machen. Aus dem Stegreif könne er mir gar nichts sagen. „Vielleicht ist man auf Ihren Freund schon an anderer Stelle aufmerksam geworden. Vielleicht auch auf Sie. Das ist halt die Gefahr einer Legende. In unserer Abteilung wissen meine Genossen nur, daß es eine Quelle gibt. Wenn Ihre Berichte weitergeleitet werden, so wurde zuvor von uns alles getilgt, was auch nur den geringsten Rückschluß auf Ihre Identität zuläßt. Sehen Sie das mal positiv. Wir wollen auf keinen Fall unsere Mitarbeiter verheizen." Ich fragte noch einige Male und erhielt Antworten für 49 Stories. Die linke Hand schrieb die mit den geraden und die rechte jene mit den ungeraden Nummern. Dazwischen versuchte ich zu leben und zu atmen.

Von der Fürsorge des Staates sollte Sperling noch ein weiteres Mal überzeugt werden. Den rötlichen Ausschlag auf seiner Haut diagnostizierte ein Arzt als Syphilis. Er wurde in eine geschlossene Abteilung des Bucher Klinikums eingewiesen. Als „Kontaktperson" hatte er mich angegeben, so daß ich zu Blutuntersuchungen in die Christburger Straße geladen wurde. Warum seine Eltern in Ludwigsfelde ebenfalls Blut lassen mußten, ist einigermaßen unerfindlich. Seine fünfjährige Schwester landete auf einem gynäkologischen Stuhl. Und nicht nur sie. Auch die Schulklasse seiner Mutter. Nichts schien dieses Land mehr zu interessieren als Gedichte und Körperöffnungen.

Privat waren sie alle nett. Privat wollten sie alle immer unser Bestes. Privat haben fünfzig Prozent daran geglaubt. Privat waren fünfzig Prozent immer schon dagegen. Privat hatten nach dem Zweiten Weltkrieg zirka zwanzig Millionen Deutsche jeweils zwei Komma fünf Juden versteckt. „Privat" war eine beliebte Weinbrandmarke. Privat war die Lieblingsstellung von allen. „Privat geht vor Katastrophe“, lautete der Spruch der Privaten. Privat war Marika Rökk gegen die Judenverfolgung. Privat haben meine Freunde „es“ immer gewußt. Privat haben sie davon ad libitum nie etwas gewußt. Einig ist man sich nur, daß es kein Faschismus war. Es muß irgendetwas anderes gewesen sein. Etwas zwischen Weinbrand und Privat. Privat ist die deutsche Linke ideologisiert und verblödet, engstirnig und verbürgerlicht. Privat liebte Scholz seine Kinder, seine Frau, gutes Essen, und gute Tropfen im Kreise der Kollegen. Privat wurde ich für Scholz Mitglied eines staubigen Vereins namens „Willibald-Pirckheimer-Gesellschaft“. Denn privat liebte Scholz nicht nur Hiddensee, privat pflegte er seine Briefmarkensammlung, die in etwa zweihundertfünfzigtausend Mark wert wäre. Privat war er süchtig nach Minibüchern, egal was drinstand. Sie mußten nur einen bunten Einband haben und schrecklich klein sein. Ob ich im „Grünen Gewölbe“ schon einmal die in einen Kirschkern geschnitzten Gesichter aller DDR-Bürger gesehen habe? Scholz fragte mich, ob ich für ihn nach Leipzig fahren könnte. Zwar wäre es privat, aber wäre ich erst einmal da, würde mir schon irgendein „Fall“ über den Weg laufen, der sich abbuchen ließe. In Leipzig fand ein Treffen der Minibuchsammler mit anschließender Tauschbörse statt. Selbst konnte Killing Daddy nicht fahren und sein Herz blutete. Ein Zimmer im Astoria wurde gebucht, Tickets besorgt, und ein paar Banknoten landeten in meiner Hand. Wie immer waren sie druckfrisch und mit laufenden Seriennummern versehen. Wahrscheinlich stand die Maschine in seiner Garage. Nun war er unruhig, der Geburtstag seines Chefs näherte sich. Und privat liebte Oberstleutnant Rainer Falk Minibücher. Der Inhalt war ihm egal, sie mußten nur schrecklich klein sein und einen bunten Einband haben. Sperling besuchte mich, und ich zwackte vom Leipziger Geld eine Flasche Cognac ab. Danach hatten wir Durst und landeten in einer Nachtbar. Ich bestellte Sekt. Dabei kam ich mir ungeheuer gerecht, ja kühn vor. Ich bat ihn auf meine Rechnung zu essen und sah genußvoll Minibuch um Minibuch in seinem Mund verschwinden.

Im Sommer legten sie ihre Leiber auf den Sand am Rande der See. Dann schauten sie in den Himmel, sie blickten den Möwen nach, und ihre Kinder bauten dicht bei den ersten Wellen kleine

Burgen. Manchmal standen ihre Eltern auf und gingen zu den Spielenden. Sie lächelten zu ihnen hinab und zogen aus ihren Badehosen Stacheldraht und Minen, schrecklich kleine Selbstschußautomaten, um die schütteren Gebilde aus feinem Quarz zu sichern. Am Abend brachten sie ihre Kinder zu Bett und streichelten über ihre Stirnen. Oder sie schnitten die Rosen in ihren kleinen Gärten, sie gruben die Beete und schoben kleine Gaskapseln in die Eingänge zum unterirdischen Palast von Familie Maulwurf. Sie liebten Geranien und im Herbst das Laub und sie liebten es, dem Wachstum ihrer Kinder zuzuschaun. Aber eines Tages war alles vorbei. Eines Tages erschien die verzweifelte Frau eines dieser Männer bei meiner Freundin. Unter Tränen stammelte sie, was er in der letzten Nacht gesagt habe. Er wäre auch zur Gestapo gegangen. Wenigstens zwölf Jahre anständig gelebt. Verweile doch, du bist nicht schön. Was bleibt?

Nach meinem ersten Besuch in der Ständigen Vertretung hörte ich ein paar Wochen nichts von K. Scholz hatte grünes Licht bekommen, ja sogar Falk wollte sich plötzlich mit mir treffen. Es gäbe Hinweise, man könnte sagen, vor allem aber dürfe man nicht ausschließen. K. machte nicht nur in Kunst und Kultur, sondern K. wäre derjenige, der an der Lenkung des Untergrundes beteiligt sei. Schon erhielt ich eine Einladung zum Bankett in der Hannoverschen Straße. Ich solle ja daran teilnehmen. Die Räume des Gartenhauses füllten sich mit Prominenz und Halbwelt. Eifersüchtig und gereizt nahmen die Gäste zur Kenntnis, daß auch andere eingeladen waren. Irgendwer hatte sich von Kopf bis Fuß mit roter Farbe angestrichen und zog an einer roten Plastikschnur einen roten Schuh hinterher. K. versuchte zu lächeln, wie eine Gummipuppe, der man auf den Bauch tritt. Die Eröffnung des Büfetts löste gedehnte Ahs und Ohs aus, so als hätten sie alle noch niemals Schmalz und Bouletten gesehen. Nach einer halben Stunde wurden ihre Blicke glasig. Mit wilder Gier rissen sie den Wein von den Tabletts. An diesem Abend sah ich die Bilder der Jungen Wilden. Vor Salomés „Knabe in Blau“ bekam ich Fieber. „Ich muß dir etwas zeigen“, flüsterte mir ein Fremder erregt ins Ohr. In der Halle blieb ich stehen. „Nicht hier“, zischte er. Im Hof zog er mich gehetzt und wild um sich blickend in die schmale Schlucht zwischen dem Gartenhaus und der leprösen Brandmauer der angrenzenden Straße. Plötzlich hielt er einen winzigen Gegenstand in seiner Hand, um ihn mir fernab des Festes zu übergeben. Ich sah, wie eine Schneeflocke auf seiner Eichel zerging. „Blas mir einen“, ächzte er. Ich stieß ihn zur Seite. Inmitten der Gäste musterte mich eine Blondine von Kopf bis Fuß. „Mein Mann steht auch auf Frauen“, kreischte sie. „Glück gehabt“, erwiderte ich und angelte mir ein Glas. Gegen Mitternacht bildeten sich im Foyer des Hauses kleine Gruppen. Wir sollten die Vertretung nicht allein verlassen, weil man zu viert oder zu fünft vielleicht den Kontrollen der Polizei entginge. Ein Polizist verlangte den Ausweis. Unter seiner Jacke trug er ein Mikrofon. Er las den Namen vor, er fragte „Sind Sie das?“ und begnügte sich nicht mit einem Ja. Brav mußte man ihm bestätigen: „Ja, ich bin es, ja, ich wohne in der Boxhagener Straße 23, ja, ich wurde geboren...“ Er wurde wütend. „Lassen Sie das gefälligst, sonst muß ich Sie vorführen. Also wann?“ Dann durfte man gehen, hinein in die Nacht oder in die nächste Kneipe. In den Schriftstellerverband oder besser gleich ins Wasser.

Der Kontakt zu K. wurde „stabil“. Kurze Zeit nach unserem Treffen bot er mir seine Hilfe an. Er selbst werde meine Manuskripte nicht transportieren. Er gab mir die Adressen von in der DDR lebenden Journalisten, die bei meinem Erscheinen entweder in Ohnmacht fielen oder beteuerten, daß sie „das“ nicht machen würden. Nach einem Glas Orangensaft komplimentierte mich Marlies Menge zur Tür hinaus. Wie K. dazu käme, mir ihre Adresse zu geben. Sie ging zur Tagesordnung über. Unten auf der Straße hörte ich das Klappern ihrer Schreibmaschine. Helmut Lölhöffel machte sich die Mühe, mit mir sein Büro in der City zu verlassen. Laut sagte er: „Ich halte mich streng an die Aufgaben eines Journalisten.“ Auf der Straße erklärte er mir, daß er bereits verwarnt wurde und sich derartige Dienste im Augenblick verkneifen müsse. Scholz feuerte mich an, an „diesen Leuten“ dranzubleiben. Eines Abends trafen wir uns auf einen Espresso. Bereits als wir das Haus betraten, wußte ich, daß uns M. begegnen würde. Kaum hatten Scholz und ich an einem der runden Tische Platz genommen, öffnete er die breite Glastür. Ich stand auf, umarmte ihn und bat ihn an unseren Tisch. Ich stellte ihm Scholz als Krause von den „Offizien Andersen Nexö", einer großen Druckerei in Leipzig, vor. Wir plauderten einige Minuten. M. verließ unseren Tisch, wir tranken aus und gingen langsam und lachend hinaus. Im Wagen fragte mich Scholz nach dem Grund meiner Kaltblütigkeit. Ich sagte ihm, daß ich eine Ahnung gehabt hätte. „Manchmal spüre ich Ereignisse im voraus. Für Sie ist so etwas sicherlich Obskurantismus." Scholz schüttelte den Kopf. „Wir wissen, daß es so etwas gibt, und arbeiten damit. Von nun an teilen Sie mir bitte Ihre Ahnungen mit." Von nun an ließ sich mit dem Hinweis auf ein ungutes Gefühl mancher „Fall" ablehnen. Es machte keinen Sinn weiterzuarbeiten, wenn man im ersten Moment Blockaden oder Ablehnung spürte. Im Gegenteil, es wäre gefährlich gewesen. Entweder man zog sich schnellstens zurück oder wartete auf einen Zufall, der eine günstigere Stunde herbeiführen würde.

K. bemühte sich um mich. Zur großen Freude von Scholz bot er mir nun an, selbst Skripte und Korrespondenz zu befördern. Dafür stellte er mir die Adresse des Schließfachs seines Hauses in Westberlin zur Verfügung. Meine Freunde schickten Post, Zeitschriften und Bücher an das Westberliner Fach. Von dort aus wurde es mit einem Kurier der Vertretung in die Hannoversche Straße gebracht, und K. traf sich mit mir entweder vor meiner Wohnung oder in einem Restaurant. Auf diese Weise wurde meine Post nicht kontrolliert. Scholz wertete die Hilfsbereitschaft, oder was immer es war, als Spitze eines Eisberges. Eine gigantische Verschwörung kam zum Vorschein. Die Treffen mit K. mußte ich protokollieren, von seiner Wohnung Skizzen anfertigen. Die Türschlösser beschreiben, die Fenstersicherungen, die Marke des getrunkenen Weines, den Kaloriengehalt des Sandwiches, die Lage des Käses zwischen dem Schinken und die Muster der Teppiche. Natürlich bestand Scholz darauf, hin und wieder meine Korrespondenz sehen zu wollen, aber er war dabei auf das angewiesen, was ich ihm zeigte. Ein Freund schickte mir „Die Alternative des Teufels", einen spannenden Spionageroman. Killing Daddy lieh ihn sich aus. Ob ihn auch Falk noch lesen dürfe. Daß Andropow in diesem Buch eine sehr weitgehende Zuneigung zu Wolodja, seinem Adjutanten, faßt, empörte und kitzelte Scholz gleichermaßen. Der Exchef

des KGB, ein Schwuler? Eine pikante Vorstellung. Die Schwarte fiel auseinander, als ich sie zurückerhielt.
Um vierzehn Uhr traf ich mich mit K. auf der Terrasse des „Metropol“. „Wann werden Sie sich mit ihm treffen?“ fragte Scholz. „Ihre Post stecken Sie möglichst in einen großen Umschlag, A4, daß er auch schön auf die Fotos kommt.“ Im Schreibwarenladen gab es weder Farbbänder noch Kuverts. Die Normannen hatten fast alles. Wanzen und Computer, aber Farbbänder hatten sie auch nicht. Mitunter brachte mir Scholz bedauernd ein schon gebrauchtes mit. „Engpaß. Wird alles besser“, sagte er. Seine Ironie hatte etwas Krachendes. K. setzte sich zu mir und bestellte einen Drink. Er nahm das Kuvert, er nahm es noch oft. „Gestochen scharf“, sagte Scholz. „Wie macht ihr das bloß?“ fragte ich. Da gäbe es die Möglichkeit, ein Auto in der Nähe des Treffens zu parken. Selbstverständlich säße niemand drin. Aber die eingebauten Fotoapparate würden über Fernbedienung gesteuert.

Die Vorstellung, „K. die Maske vom Gesicht zu reißen“, ließ ihn nicht los. War er der Resident des BND oder war es ein anderer? Es interessierte mich einen Dreck. Denn diese Leute waren geschützt durch ihre Diplomatenpässe. Sie fuhren zum Einkaufen über den Checkpoint Charlie, und wenn sie Lust hatten, kamen sie zurück. Sie waren Juristen, sie trugen blütenweiße Hemden, sie hatten an den besten Universitäten studiert und sprachen Englisch, Französisch, und wenn sie wollten Kisuaheli. Sie dufteten nach Davidoff oder Jil Sander. Die Drinks, die sie bezahlten, waren Krümel, die vom Rand ihrer Tafeln fielen.

Ich berichtete, was sie hören wollten und wurde dafür bezahlt. Wollte Scholz, daß K. nicht K., sondern L. wäre. Bitte sehr, was wünschen der Herr. Sollte aus L. wieder K. werden, weil es dem Großen Chef gefiel. Warum nicht, das Alphabet hat sechsundzwanzig Buchstaben. Das sind siebenundzwanzigmal Geld. K. wurde fotografiert. Später brauchte Scholz ein Glas mit dessen Fingerabdrücken. Ich lud K. zum Kaffee in meine Wohnung. Das Glas faßte ich von innen mit gespreizten Fingern, Churchills nach unten gekehrtem V. K. nahm an den Verhandlungen zum Kulturabkommen zwischen der DDR und der Bundesrepublik teil. Was würde es bringen? Die großen

Orchester würden mit einem Abkommen reisen. Na und? Aber in der Firma hatte man es sich in den Kopf gesetzt, die Fäden in der Hand zu behalten. Wenigstens verzögern wollte man das Unvermeidbare. Ich unterhielt mich mit K., er unterhielt sich mit mir. Gemäß der Weisung brachte ich das Gespräch auf das Abkommen. Scholz kam auf den Gedanken, dieses Gespräch abhören zu wollen. Auf die Vorbereitungen investierte er vier Stunden!

Schon einmal hatte er überlegt, mich mit einem Sender auszurüsten. Aber Funksignale ließen sich orten, wenn das Gegenüber ein Ortungsgerät an jener Stelle trüge, an der sich in meiner Sakkotasche der Sender befinden würde. Dieses Ortungsgerät würde ihm lautlos, durch Vibration, mitteilen, daß gesendet würde. Dann ging es um ein Bandgerät, aber dieses ließe sich bei einer zufälligen Umarmung durch den Gegner erfühlen. Um K. abzuhören, besichtigte Scholz zum zweitenmal und nach Jahren meine Wohnung. Ich zeigte ihm den Platz, an dem K. sitzen würde, und Scholz schlich rasch aus meiner Bude. „Wir könnten es in ein Buch einbauen. Aber wenn er dieses Buch in die Hand nähme?“ Er überlegte angespannt. „Natürlich könnte man es auch unter dem Tisch befestigen. Aber wenn er seinen Hund mitbringt, könnte der dagegenstoßen.“ Beim nächsten Treffen strahlte der Major. „Sie haben doch einen Ofen?“ Er verschlang zentnerweise Kohlen und pustete die Kalorien ohne den geringsten Umweg zum Schornstein hinaus. „Und zwischen Ofen und der Wand lagen doch Holzstücke?“ Ja, damit sie bis zum nächsten Winter trocken wären. „Sehen Sie“, sagte Scholz. „Wenn er bei Ihnen klopft, gehen Sie zum Ofen und drücken hier auf das Astloch.“ K. klopfte, und ich ging zur Tür. An der Tür fiel mir ein, daß ich vergessen hatte, auf das Loch zu drücken. „Momehent“, rief ich und schnurrte zum kalten Ofen zurück. Es klopfte wieder, und ich konnte das Loch nicht finden. „Moment mal“, schrie ich. Im Holz gab eine Stelle nach. Während wir Blätterteig malmten, stand über dem Haus ein Satellit, der uns abhörte, und über dem Satelliten stand ein Satellit, der uns fotografierte und den Satelliten abhörte, und über beiden stand ein Satellit der Normannen. Er sah aus wie ein Stück Holz. Und der flog andersrum.

## Johnny Walkers Treppenhaus

Am Anfang bist du klein und häßlich. Und mit den Jahren wirst du nicht hübscher. Das Märchen lügt. Aus dem kleinen häßlichen Entlein wurde ein großer häßlicher Schwan. Zuerst saß er in der letzten Reihe, dann rutschte er allmählich nach vorn. Davon bekam er Schwielen am Arsch. Vorn war es warm, und immer gab es einen Snack. Selbstverständlich sah man in der ersten Reihe auch die Schweißränder des Dirigenten. Aber er lächelte so süß. Dann nahmen sie ihm den Taktstock weg, und ganz am Ende mußte der Konzertsaal asbestsaniert werden. Das kostete noch dreimal so viel wie alle Gagen und Kostüme in den Jahrzehnten zuvor. Aus dem Cello wurde ein Taxifahrer. Die Baßtuba verkaufte Versicherungen, und das Triangel testete Kondome. Die Becken kamen bei einer Sanitärfirma unter. Der Rest ist Schminke und Verklärung.

Am Anfang gab es Schnitzel in Landgasthöfen. Bald folgte eine konspirative Wohnung mit sieben verschiedenen Blümchentapeten in der Thomas-Mann-Straße. Scholz fuhr mit dem Lift hinauf, ich betrachtete mir noch einmal die schöne Gegend, Müllcontainer und Trabants, schweizerkäsegestanzte Fassaden, und fuhr hinterher. Aus seiner Tasche zog er Brötchen und Hackepeter.

Wir waren ein gutes Team und stiegen, Hand in Hand, allmählich auf. 1983 hörte ich von ihm, daß die Unbequemlichkeiten, wie er es nannte, vielleicht bald ein Ende hätten. In Kaulsdorf gäbe es ein Haus. „Die Sauna im Keller wird noch gebaut.“ Dann kam der Tag, als er mich am S-Bahnhof Kaulsdorf aufpickte. Dort draußen wäre es sicherer, und ich könnte auf der Fahrt besser beobachten, ob jemand an mir „dran wäre“. In diesem Falle solle ich so tun, als ob ich in Richtung der Felder spazieren ginge. In allen drei Phasen unserer Arbeit wurden die Treffpunkte immer wieder variiert. Einmal war es die Grünberger Straße, dann der Boxhagener Platz. Selbst die Variation wurde zur Routine. Immer am Ende eines Treffens schlug er einen neuen Ort der Begegnung vor. In Kaulsdorf befahl er mir, mich auf den Rücksitz seines Wagens zu setzen. Irgendwann sagte er: „Jetzt.“ Und ich legte mich auf die Bank, die Karre sauste in die Tiefgarage, er stieg aus, schloß das Tor, und ich ordnete meine Knochen. Beim erstenmal stieß ich in der Dunkelheit gegen ein Ölfaß und prellte mir das Knie. Er suchte nach der Tür zum Obergeschoß und fluchte. Dann flammte Licht auf, und wir sahen eine Waschmaschine und einen Korb mit Babystramplern. Schon eilte uns die Schaffnerin des Hauses entgegen, eine Mitarbeiterin der „Firma“, die mit ihrem Mann unter dem Dachstuhl wohnte. Das würde die Sauna werden, sagte Scholz und zeigte auf einen Stapel Latten. Der Bartresen war schon erkennbar. An die Diele schloß sich ein größerer Salon an. Er war ausgestattet mit braunen Ledersofas und Sesseln, Teppichen, einer Schrankwand mit Monitor, HiFi-Anlagen und Videorecordern der Marken Sharp bis Grundig. Im Monatstakt wechselten sie und zeigten den jeweils neuesten Stand in Terra incognita. Einige Videokassetten, einige Bücher und eine Schatulle, in der sich Zigaretten befanden, lungerten in den Fächern dieses Unikums herum. Auf dem Couchtisch stand eine mit Muschelkonfekt und Gebäck gefüllte Etagere. Ein winziges Nebenzimmer mit Speisetisch, Holzbank und Küchenmöbeln wurde durch einen Perlenvorhand abgetrennt. Um das Haus erstreckte sich ein Eckgrundstück, die Panoramascheiben des Salons wurden durch hohe Hecken vor Blicken geschützt. Es gab ein Badezimmer, ein Telefon, natürlich!, und reichlich zu trinken. In allen Räumen war es hell, je nach Jahreszeit zwitscherten die Vögel, die Sonne fiel herein und ließ das Muschelkonfekt schmelzen. Immer stank es nach der Sauberkeit eines Kasernenpissoirs. „Black or Red Label?“ fragte Scholz nach einem Blick in die Hausbar. „Dann haben wir noch Wermut, das ist wohl nichts für Sie, Cognac, Wodka, ahh, was Feines, Wyborowa und Krimsekt, aber der ist nicht kalt.“ Der Dicke krachte auf das Sofa, und das Leder quittierte den Empfang seines Hinterns mit einem Ächzen, das wie ein Furz klang. Das Fräulein servierte Schnittchen und entschuldigte sich auf sächsisch. „Ich wußte noch nicht, was Sie essen wollen. Ich weiß ja nicht, ob Sie wiederkommen und wieviel Zeit Sie dann haben. Das können Sie mit mir absprechen. Ich gehe jetzt nach oben.“ Scholz starrte sie wütend an. „Daß die in Hausschuhen hier rumtanzt... das werde ich ihr mal gleich austreiben“, blubberte er und verschwand. Befriedigt kam er zurück, und das Sofa furzte. Die Sächsin erschien in Pumps und knickte um: „Ich hab auch noch Kochschinken.“ Ich füllte mein Glas bis zum Rand mit Scotch.

„Das muß sich erst mal einspielen", sagte Scholz und umrundete mit dem Schlitten des Reißverschlusses zu zwei Dritteln seine Tasche.

„Jetzt muß ich mit Ihnen einmal offen reden", sagte er und ich erbebte. Immer wenn Scholz für seine Verhältnisse derart Widernatürliches vorhatte, geschah etwas Besonderes oder Ostern und Weihnachten wurden auf denselben Tag gelegt. „Wenn Sie jemand fragen würde", sagte er vorsichtig, „ich meine, ich würde gerne mit Ihnen weiter zusammenarbeiten. Aber dann müßte ich Sie in eine andere Abteilung mitnehmen, und ich weiß nicht", er stockte und blickte zu Boden. „Also wenn Sie da was schreiben würden, daß Sie sich weigern, mit einem anderen zusammenzuarbeiten …" Ich sah erschrocken auf. „Teilen Sie dem anderen mit", sagte ich, „daß damit der SSD für mich gestorben wäre." – „Das will ich nicht gehört haben. Wir heißen MfS", sagte Scholz. „Gleichviel, das ist es, was ich hören wollte. Machen Sie sich keine Gedanken." Beim nächstenmal strahlte er. „Alles erledigt." Wieder summten die Glocken der Stadt, und das Verlöbnis wurde mit einem tiefen Blick erneuert.

Wir trafen uns in Prag in der Nähe des Kafka-Hauses. Scholz pickte Josef K. beim Bahnhof Kaulsdorf auf und fuhr mit ihm in das Schloß. Seine Tasche schnappte, der Scotch floß. Die würde er sich greifen, den würde er sich vorknöpfen, die trüge schon wieder Latschen. Die Tasche öffnete sich. Einmal brauchte ich fünftausend Mark. Wir zerrten einen ganzen Nachmittag aneinander rum. Ich ließ nicht einen Groschen ab. Er schüttelte sorgenvoll den Kopf. Die Legende, das Geld, auf keinen Fall auf einmal. Auf keinen Fall in zu langem Abstand. Fordere, du wirst es bekommen. „Wenn Sie jemand fragt, dann machen Sie den Chinesen." Das bedeutete: vielsagend lächeln. Es bedeutete, Geld vor den Verwandten in Sicherheit gebracht zu haben. Sie posaunten es herum und arbeiteten uns zu, ohne einen Pfennig dafür zu bekommen. Ich schrieb mir die Finger wund, Berichte, Gutachten, Planspiele. Er korrigierte als Meister lediglich mit wenigen Strichen einige Unebenheiten der Skizze. Ich war gelehrig. Es kam nur darauf an, sich hundertfünfzig Lügen auf einmal zu merken und X. nicht das Gegenteil von dem zu erzählen, was Y. erfuhr. Konspiration ist ein Witz, aufgebauscht von Hollywood und von der Milchverkäuferin am nächsten Morgen kolportiert. Konspiration ist Heimlichtuerei plus Berechnung und Macht. Konspiration ist verhohlene Selbstgefälligkeit, angedickt mit Paranoia. Konspiration bedeutet vor allem, zu dienen, die Fäden in der Hand zu behalten, wenn es draußen kalt ist und dir die Pfoten abfrieren. Sich Lügen auszudenken, sie nicht zu vergessen, fremdzugehen und vor der Heimkehr das letzte lange blonde Haar von der Schulter zu fischen. Konspiration ist die Fortsetzung der bürgerlichen Ehe über den Tag hinaus, da die Liebe erlosch und beide wegen des Besitzes zusammen aushalten. Konspiration kostet anderen das Leben, dich die Nerven, Zeit, es raubt dir jede Liebe … übrig bleibt das tränennasse Lachen inmitten von Asche. Konspiration stellt die Welt auf den Kopf und macht Handstand, um sie betrachten zu können. Kleine Leute machen sie. Solche, die die Not erfuhren, nach oben kamen und nicht mehr runterwollen. Ein paar Spielchen, die jeder Pokerer beherrscht. Ein paar miese Tricks, die kein Drehbuch passieren, weil der Zuschauer abschalten würde, um sich zu unterhalten. Spione sind Geisteskranke, die es nicht einmal bis zur Klinik schafften. Auf halbem Wege gründen sie erschöpft ein KGB, einen CIA, ein MfS oder einen Mossad. Sie behaupten alle dasselbe, immer nur das Beste zu wollen. Was das Beste ist, entscheiden sie, und lehnt man es ab, so ist man undankbar oder gefährlich oder verrückt oder korrupt. Konspiration ist eine Droge, billig und stinkend wie Bier. Sie macht müde und traurig. Bist du vierzig, bleibst du dabei, bis zu deinem Ende, egal als was und wo. Um sich auf sie einzulassen, mußt du Platz in dir schaffen. Oder andere taten es für dich und vor dir, seitdem du denken konntest und bis du mit dem Denken aufhörtest. Du mußt leer sein, ganz leer und klamm. Du mußt dein Ich verloren haben, um gierig alle Angebote auf Rollen, ob als Kaiser von Rom, als Lear, als Shylock, oder als Arturo Ui, anzunehmen. Du mußt so leer sein, daß du am Morgen Faust, am Mittag Gretchen und zum Tee Mephisto bist. Und wenn sie es wollen, dann mußt du alles zusammen sein, das Stück allein übernehmen, von der Beleuchtung bis zum Abreißen der Billetts. Dir selbst überläßt man Geld und ein paar Flaschen und die Buchstaben auf dem Etikett, aus denen du, geschüttelt von irrem Kichern, so etwas wie deinen Namen zusammenbuchstabierst. In Jerusalem erzählte mir ein Bekannter voller Stolz, während wir auf der Terrasse des King David Hotels den Abend mit weißem Martini begrüßten, daß der Mossad an ihn herangetreten wäre. Überall auf der Welt gäbe es Antisemitismus, sagten sie ihm. Und überall auf der Welt sagen sie dasselbe, und nicht nur das Gleiche. Statt Antisemitismus sagen sie Antikommunismus oder Antiparlamentarismus. Ich glaubte, nicht recht zu hören. Es waren die Worte, mit denen für mich zehn Jahre zuvor alles begonnen hatte. Liebe, Glaube, Hoffnung, die sich auf halber Strecke als Haß, Lüge und Zynismus herausstellen.

## Der Riss

Vor mir erschien ein Hologramm, das sich Scholz nannte und in einem Labor entworfen wurde. Dieses Wesen trug die Nummer 55 978 53. Ich konnte es anrufen oder ihm schreiben. Dann hieß es Peter Hertel und hatte ein Postfach in der Französischen Straße. Vielleicht wurde es am Abend geschrumpft und schlief dort sogar. Ich weiß nichts. Ich kann nichts sagen. Vielleicht liegt dort noch eine Tasche, oder eine Badehose, oder ein Toupé, oder ein winziger Haufen Knöchlein. Ich weiß nichts. Berührte der Erlkönig den Knaben? Träumte der Knabe? Ich weiß nichts. Eine Taube flog vorbei. Vom Schnee auf dem Dach gegenüber sind nur zwei schmale Streifen, einer am First und einer über der Regenrinne geblieben. Ich weiß nichts. Ich kann dazu nichts sagen. Ich kann mich an nichts erinnern. Irgendjemand hat vor gut einem Jahr den Stöpsel rausgezogen. Nun isser wech. Wo isser nun? Man stört den König im Bade nicht. Laß es, er bringt dich um. Oder du bringst ihn um und läßt das Wasser ab. Ich weiß nichts. Ich kann dazu nichts sagen. Ich kann mich an nichts erinnern. Ich gebe Ihnen mein Ehrenwort. Dann werde ich österreichischer Bundespräsident, und niemand lädt mich ein. Keiner weiß etwas. Niemand kann sich erinnern. Uns alle gibt es gar nicht. Hören sie auf, daran zu glauben. Schalten Sie endlich das Licht aus. Legen Sie sich in die Dunkelheit. Schlafen Sie ein. Wachen Sie nicht mehr auf. Ich befehle es Ihnen. Fragen Sie Günter Guillaume. Fragen Sie Markus Wolf. Er weiß nichts. Er kann sich an nichts erinnern. Sie haben ihn fliehen lassen. Damit er nichts weiß. Damit er sich an gar nichts erinnert. Heute gab es verstopfte Autobahnen. Ein Konvoi trug all unsere Akten nach Westen. Nichts Neues. Wir existieren nicht mehr. Das Buch ist hier zu Ende.

Hier fängt es wieder an. Ich weiß alles. Ich kann mich erinnern. Reuvens Freund hat überlebt. Reuven schreibt, daß David nur einen Schreck bekam, als plötzlich die Zimmerdecke auf den Eßtisch knallte. Unser Leben kann schön sein. Reuvens Brief wurde nicht fertig. Immer, wenn er mir schreiben wollte, gab es Alarm. Vor ein paar Monaten war ich noch da. Nachts hatten wir vergessen, den Kuchen wegzustellen. Die Ameisen kommen für solche Leckerbissen sogar von Eilat. Als wir ins Bett gingen, gab es Alarm in Eilat. „In Tel Aviv gibt es Kuchen!" Sie zogen sich ihre Schuhchen über und kamen angelatscht. Am nächsten Morgen war alles voll. „Übrigens", sagte Reuven, „wenn du unter der Dusche masturbierst, mach es bitte gründlich weg. Auf Sperma sind sie ganz versessen." Nix Sperma, nix Kuchen. Diese Leute will man nicht. Und deswegen wurde sein Brief nicht fertig. Alarm. Dann zieht er sich seine Gasmaske an, wie wir uns Socken. Dann geht er die kleine Treppe runter ins Parterre, zu David Zwo. Dann machen sie rasch die Türen zu. Alles gasdicht. Dann stülpen sie den Kindern die Gasmasken über. Dann geht Opa David, der alle Kriege von '47 an miterlebte, nun ist er Rentner, geht er also mit Reuven in die Küche. Dort trinken sie Wodka. Möchte wissen, wie sie das machen. Ob die sich erinnern?

Der 19. Februar 1991. Es ist siebzehn Uhr neunundfünfzig. In diesem Mittelalter leben wir heute noch. Ein paar Idioten kritzeln was Schwarzes auf was Weißes. Seitdem Reuven Kontaktlinsen trägt, kann er auch mit Gasmaske lesen. Na also, die Hoffnung ist nicht aus der Welt. In meinem Zimmer gibt es einen Ofen, sieben Bilder, hinter zwei Rahmen nur die Tapete, einen Tisch, zwei Stühle, eine alte Kommode, ein Sofa, guckt man in seine Risse, kann man bis Israel sehen oder bis in ein Postfach. In Israel trinken sie Wodka. Wäre ja noch schöner, wer Sorgen hat, hat auch Wodka. Und in dem Postfach Peter Hertel zieht sich Fritz der Normanne, auch Killing Daddy genannt, einmal sogar 55 978 53, zieht der sich also um, zieht der doch glatt einen neuen Paß aus der Tasche, heißt der doch jetzt Friedrich M. Mustermann und wird Zahnarzt. Jetzt gehen wir beide zum Sofa und nehmen einen ganz tiefen Blick:

Ich war neunzehn, da schlief ich, und als ich wach wurde, da war ich zweiundzwanzig. Hatte ich doch glatt drei Jahre geschlafen. Ich stellte den Kessel aufs Gas. Hatte ich wieder mal Badewasser aufgesetzt. Er wurde und wurde nicht heiß, dabei wollte ich Tee. Wasser gab es genug. Im Winter lief es von allen Wänden. Davon löste sich im Hausflur die Farbe. Der Kinder Augen sind wie gold'ner Regen, in ihren Händen glüht die Schale Wein. Ich will mich unter Bäumen schlafen legen und kein Soldat mehr sein. Dann war der Tee fertig, und ich mußte zu Scholz. Sommer '83, Ostberlin. Mußte ich natürlich hin, denn den Tee hatte er bezahlt. Nix Scholz, nix Tee, nix Kuchen, nix Sperma. Sommer '83, ich bin bei der Stasi, ich saß bei den Normannen. Wir fuhren nach England rüber. Nach der Landung gabs immer Tee. Im Gefängnis gab es keinen Wodka. Brühten sie den ganzen Karton für eine Tasse. Davon wurden sie besoffen. Das hatte mir meine Mutter erzählt, über Hoheneck und über Görlitz. In Bautzen hatten sie's genauso gemacht. Aber das erzählte mir Jörg.

Ging ich linksrum, kam ich über die Warschauer Brücke, und da war die Mauer. Das war unser Strand und hörte man genau hin, dann plätscherten ein paar Wellen dahinter. Nun wollten immer mehr weg. Daß das so ging. Abends stand Catrin vor meiner Tür und neben ihr ein dicker Junge, der wie ein Wasserfall redete. Sie hatten die „Bodenbühne" gegründet und wollten ein Stück, „Die Wildnis der Doris Gay", aufführen. Die Damen vom Rat hatten das Stück verboten, und irgendwie waren die beiden an meine Adresse gekommen. Ich war zu Hause, dann gab es Tee. Schon war ich bereit, ein Stück zu schreiben. Der dicke Junge sagte, daß er nicht wüßte, ob es aufgeführt würde. Denn er hatte einen Ausreiseantrag gestellt. Jeden Tag könnte es losgehen. Auch ohne Stück kam Catrin immer wieder. Wir wurden Freunde, und ich schrieb Berichte über sie. Nun hatte ich auch mit der „Ausreiseszene" zu tun. Das brachte Geld, und dafür kaufte ich Tee und Wein für Catrin und mich. Sie war von der Schule geflogen und putzte in kleinen Hotels rund um die Friedrichstraße. Im Osten hatte sie einen Westler aufgetan, einen Schwulen, der sich mit ihr verlobte. Er fand es aufregend. Als er es nicht mehr aufregend fand, besuchte er sie kaum noch. Aber Besuche waren wichtig, damit die Damen vom Rat die Ernsthaftigkeit sehen, große verzehrende Liebe. Manchmal fand Catrin einen Münzapparat, wo es auch ohne Münzen ging. Dann nuddelte sie neunzigmal 849, dann war er nicht zu Hause. Sie kam zu mir und heulte. Scholz wollte einen Bericht. Es gäbe ein Informationsnetz, in dem die Positionen dieser Telefone weitergegeben würden. So entstünde der Post Millionenschaden. In jedem Schlitz saß der Gegner und steckte sich die Groschen ein. Catrin klapperte die ganze Karl-Marx-Allee ab.

Andre Knaben zogen sich Scheitel in die schwarzen Haare. Seine waren stumpf wie seine Augen – und blond. Catrin war über den Alex gegangen. Er saß am Rand des Brunnens und fragte sie nach einer Zigarette. Sie gingen nebeneinander, und Jörg fragte sie nach einem Bett. In ihrer Wohnung tanzten die Ratten. Sie tanzten auf dem Küchentisch, unter dem Küchentisch, auf dem Kopfkissen, unter dem Bett und auf dem Klodeckel. Sie nahm ihn mit, vorher warnte er sie. Catrin lachte. Davon wurden die Fassaden nicht schöner. Er stellte seine Tasche ab, letzte Ausfahrt Berlin. „Ich bring Jörg mal mit", sagte sie. „Bring ihn mal mit", sagte ich oder Scholz, ich kann die beiden nicht auseinanderhalten. Das Höhlenwesen und das Hologramm.

Sie standen vor mir, und ich wußte, daß so Geschichten beginnen, die ein Ende haben. Ich sagte, daß es noch Wein gibt, vom letzten Abend, da war die Wohnung voll. Zuerst male ich ein Gesicht und dann das andere, denn ohne ein Antlitz gibt's keine Story. Manchmal beginnt es mit einem Anzug, er aber trug Jeans, ein T-shirt und war traurig. Der mußte mal schön gewesen sein, das hatten sie ihm ausgetrieben. Er hatte blaue Augen und schmale Lippen, ein noch schmaleres Gesicht, und nichts bewegte sich. Vor ewigen Zeiten, als sich noch etwas bewegte, hatte er eine Freundin. Anne begann auszureisen, man mußte es beginnen, denn so schnell ging es nicht oft. Sie trennten sich voneinander und trafen sich jede Nacht. So was gab es in Halle. Sie packte ihre Siebensachen und fuhr fort. Er machte Urlaub in Ungarn, da war er neunzehn. Ungarn war zu, also mußte er schwimmen. Erst ging's durch Felder ohne Ende. Bei so was regnet es immer. Darum scheint sie so selten. Als er an die Drau kam, war er naß. Er stieg hinab zum Ufer, das letzte Stück rutschte er auf dem Lehm. Der Regen hatte den Fluß anschwellen lassen. Das andere Ufer war steil wie jedes andere Ufer. Gott setzte für einen kleinen Moment die Fallgesetze außer Kraft, und schon stand er oben. Auf der Landstraße in Jugoslawien sah er die Soldaten von fern. Er hörte nicht auf seine Stimme und wollte sie nach dem Weg fragen. Das kostete ihn einige Jahre. Statt zum nächsten bundesdeutschen Konsulat ging es in ein Gefängnis. Illegaler Grenzübertritt. Er hatte einen Killing Daddy wie ich. Seiner war echt. Er arbeitete im Ministerium für Staatssicherheit in Halle an der Saale, dort, wo die Fische schon tot ankommen. Aus Jugoslawien wurde Jörg nach Ungarn ausgewiesen. Von Ungarn in ein Gefängnis nach Ostberlin. In Hohenschönhausen besuchte ihn Daddy. Jörg lehnte ab für sie zu arbeiten. Von Ostberlin ging es nach Bautzen, vom Stadtrand in eine Zelle, die Tür ging zu. Es gab Essen, und die Tür ging zu. Es gab Essen, und die Tür ging zu. Man durfte flanieren. In einem engen Quadrat, das sich nach oben zu verjüngen schien. Oben war der Himmel so dünn wie Luftpostpapier und ebenso blau. Oben gingen zwei Stiefel ringsum, und oben gab es Wasserschläuche, falls einer mal schrie. Es war ein Gefängnis, wo keiner einen anderen traf. Die Höfe waren immer für einen allein. Mehrere nebeneinander wie Särge in einer Aussegnungshalle. Es waren auch Särge. Das Tor schloß sich hinter ihm, und er fuhr nach Halle zurück. Da war er Jahre älter. Ja, er würde weiter versuchen, rauszukommen. Sein Vater versprach, es ihm schwer zu machen. Ich liebte ihn. Er kam nach Berlin. In den Taschen hatte er außer ein paar Socken nur die Erinnerung an tausend klitzekleine Schrecklichkeiten. Berlin tröstet sie alle. Erst würgt es dich ein paar Jahre, aber wenn du diese Stadt überlebst, wirst du sie lieben. Es ist die häßlichste Stadt auf Erden, die ihre Häßlichkeit als einzige von allen wie ein Ballkleid zu tragen weiß. Wer als junger Mensch das Glück hatte, nach Berlin zu kommen, wird es niemals vergessen. Berlin ist ein Schrecken fürs Leben. Wer in Berlin keine Falten bekommt, der stirbt blöd.

Wir tranken Wein, und er rauchte meine Zigaretten. Eine Stimme sagte: „Ein herrlicher Fall.“ Eine andere schob die erste beiseite. „Du bleibst hier. Hier bist du sicher.“ Bei Catrin gingen sie ein und aus. Bei mir? Warum sollten sie ihn holen, wenn er schon da war. Dann waren die Platten zu Ende, der Wein war es auch. Dann wurde es dunkel. Am nächsten Morgen stellte ich Schinken, Käse, Eier, Kekse, Brot und Kaffee auf den Tisch. Als erstes trank er ein Bier. Wenn er betrunken war, wurde er nüchtern. Er starb unter meinen Augen, und ich rührte kein Glas mehr an. Ich schlug ihm einen Handel vor und baute die Flaschen vor uns auf. „Wenn ich zuerst unten liege, kannst du saufen, soviel wie du willst. Wenn du unten landest, wird's rationiert." Als er auf dem Teppich lag, öffnete ich seinen Mund und schüttete nach, bis er um weniger bettelte. Bald konnte er wieder lachen. Es gelang ihm schon, in ganzen Sätzen zu sprechen. Eine Nacht lang hielt er mir einen Vortrag über den Konjunktiv in Musils „Mann ohne Eigenschaften". Er stellte einen Antrag auf Ausreise. Nur nachts träumte er schlecht, er zuckte und schlug wild um sich, ein kleines Wort genügte, und er wurde für Minuten ruhig.

Mit ihm kam die Angst, ich fürchtete um sein Leben. Die Wände rückten näher aneinander. Die Stadt wurde eng. Der Staub biß in meinen Augen, in meinem Mund. Mit ihm kam die Angst. „Du schaffst es, du mußt es schaffen", sagte ich. Sie alle würden gehen, in das Nichts, hinter den Wänden verschwinden, diesem ewig weißen, klinisch sauberen Beton, an dem die Träume endeten, wenn man jemals begann, in diesem Dreckstall zu träumen. Die Straßenbahnen kreischten und holperten den Prenzlauer Berg hinauf. Es gab Kartoffeln, Fleisch, Brot, Milch, zwei Apfelsinen im Jahr und zum Parteitag Bananen, aber Träume, Träume gab es nicht. Er würde gehen, das war es, was ich am ersten Abend gespürt hatte, und ich? Ich endlich, würde bleiben. Ich fragte mich, was aus mir werden würde, und dachte an den Tod. Den kalten Tod eines Fisches im Netz. Ich dachte an eine Mutation, an ein seltsames Bild, das einen Fisch darstellt, dessen Schuppen schon das Netz sind. Jörg war nicht mein Gefangener. Ich hatte keine Gefangenen. Ich war einer von ihnen, und war es nicht. Ich war Fisch und Netz. Ich war mein eigener Gefangener.

Ich beobachtete, wie er schlief. Sein Mund stand offen. Eine Strähne klebte auf seiner Stirn. War ich eine Telefonnummer, eine Aktennummer, stand nicht wie einst der Engel hinter meiner linken Schulter, selbst jetzt, da ich auf das Stöhnen hörte? Was tat ich? Wer war ich noch? Ich bebte vor Angst. Mit nackten Sohlen schlich ich aus dem Zimmer. Ich setzte mich an den Tisch und rauchte. Aber der Rauch stieg nicht zur Zimmerdecke, sondern er verschwand in den vielen Löchern der Wände. Hinter ihnen war es hell und kalt, hinter ihnen klapperten Schreibmaschinen. Ich schlich ins Bett zurück.

„Sie schmeißen ihn raus!“ befahl Scholz. Er hatte sich die Akte kommen lassen. Akten flogen schneller als Tauben mit Mach fünf-fünf-neun-sieben-acht-fünf-drei. Sie flogen schnell. „Zu heiß“, sagte Scholz, „viel, viel zu heiß.“ Ich verzögerte, versuchte, das Problem auszusitzen, auszulaufen, auszutrinken. In der nächsten Woche fragte er mich. Ich schüttelte nur den Kopf. Dasselbe in der Woche darauf. Er befahl mir erneut. „Er bleibt“, sagte ich. Scholz schüttelte den Kopf. „Das ist privat“, sagte ich. „Privat gibt es bei uns nicht.“ Er hatte einen Satz zu viel gesagt. Diesmal wollte ich nicht mehr. Scholz drohte. Er breitete einen Teppich von konspirativen Notwendigkeiten aus, aber ich entschloß mich für nackte Dielen. An diesem Nachmittag hatte er kein Geld dabei. Ich schiß auf sein Geld. Auf die Idee, ihm den Laufpaß zu geben, kam ich nicht. Sie existierte nicht. In meinem Kopf?

„Was ist nun?“ fragte er nach einer Pause. „Er bleibt.“ Scholz schwieg. „Dann müssen wir ab jetzt aufpassen. Vor allem, daß Sie sich nicht verlieben. Sie wissen ja, wie das bei Ihnen endet.“ Ich wußte gar nichts. „Wir haben uns überlegt, daß Hajkals Anwesenheit gar nicht so schlecht für Ihre Legende ist. Nur mit dem Geld wird es jetzt schwieriger. Wir müssen sie kurzhalten. Vor allem: ausführliche Berichte. Das ist eine ganz wichtige Szene.“ Zuerst verweigerte man ihm die Eintragung als Untermieter. Ich ging mit zur Polizei, nach einigen Minuten knallte eine wütende Matrone mit den Stempeln, als wollte sie Säuglinge zerquetschen. Im Rat des Stadtbezirks teilte man ihm mit, daß er eine Arbeit bekäme, wenn er seinen Antrag zurückzöge. Dann, daß ohne Anmeldung keine Arbeit da wäre, und ohne Arbeit keine Anmeldung. Und ohne Arbeit gäbe es noch diesen Asozialitätsparagraphen. Wovon er leben würde. Von mir. Und wovon ich. Am Ende der Kette saß Scholz und schützte uns zähneknirschend. Ich fuhr mit ihm nach Pankow, um eine Abgeordnete zu konsultieren. Als sie das Wort „Ausreiseantrag“ hörte, verzerrte sich ihr Gesicht vor Verachtung. Ihr Vater, der einige deutsche Lager von innen gesehen hatte… Vielleicht hatte er dafür gekämpft. Nach einer Lesung fuhren wir Erhard Scherner in einem geliehenen Wagen zum Bahnhof. Eine Freundin hatte nichts Eiligeres zu tun, als ihm mitzuteilen, „wer eigentlich“ den Wagen steuerte. Hätte er das gewußt, sagte dieser Mensch, so wäre er gar nicht erst eingestiegen. Wir besuchten Ulrich Grasnick in seinem Mahlsdorfer Haus. Ob uns auch niemand gefolgt wäre. Wir müßten verstehen, er habe sich so viel aufgebaut und müsse an seine Familie denken. In Wahrheit dachte er an seine Möbel und das Porzellan. Nachts schrieb er Gedichte über Chagall und Apollinaire.

Von Scholz bekam ich dreihundert Mark im Monat. Davon kaufte ich Brot, Kaffee in Hundertfünfundzwanziggrammtüten und Zigaretten. Sie bestellten ihn zum Rat und ließen ihn gehen. Sie bestellten ihn wieder und wieder. Sie drohten und machten Angebote. Heimlich besuchte uns seine Schwester und beging die Heldentat, uns eine Dauerwurst zu bringen. Sie dauerte von Montag bis Dienstag. Aus Venedig erhielt er Karten, auf denen seine ehemalige Verlobte ihm mitteilte, daß sie für ihn beten würde. Seine Schuhe hatten Löcher, aber sie trank Capucchino am Rialto und bemühte Gott. Als wäre der ein Schuhgeschäft.

Es gibt kein Doppelleben. Es gibt nur eines, nur einen Körper für jeden Menschen, nur eine Seele und nur ein Hirn. Darin ist Platz für Tripelexistenzen und Abgründigkeit. Scholz wollte sich mit mir treffen. Ich flog mit ihm nach Prag. Falk wollte sich mit mir treffen, ich wäre sehr erfolgreich. Die Kontakte zu den Diplomaten wären fruchtbar. Auf Daddys Befehl war ich Leser in der Bibliothek der amerikanischen Botschaft geworden. Mein Englisch war so schlecht, daß ich nicht einmal die Benutzerkarte lesen konnte, geschweige denn Tennessee Williams. Aber es ging nicht um mich oder ihn, sondern darum, „mit dem Gegner in Kontakt zu kommen“. Falk versprach mir den Himmel auf Erden, wenn es mir gelänge, „einem die Maske vom Gesicht zu reißen“. „Dann“, so sagte er, „hätten Sie für immer ausgesorgt.“ Für die Transporte meiner Dossiers hatten sie mir einen Container anfertigen lassen, ein Meisterstück der Täschnerkunst. Nach außen war es eine weiche, bordeauxrote

Ledermappe mit einem goldenen Schloß. Stach ich an eine bestimmte Stelle der Naht, so öffnete sich ein Geheimfach, in das die Papiere A 4 hineinpaßten. Dann betätigte ich die hauchdünne Mechanik, drückte mit Daumen und Zeigefinger zu und schloß von außen wie ein Kuvert. Nun gab es zwei Taschen. Sie putzte nicht nur ungemein, sie schmeichelte auch. In ihr erst erblühte der Grashalm zu voller Wichtigkeit.

Ich wurde mit Sprichwörtern erzogen, Liebe war nur eines von ihnen. Wespen stechen nur in den süßesten Kuchen. Der Krug geht so lange zum Brunnen, bis der Leser bricht. Hunde, die laut bellen, beißen nicht. Von Heuchlern kommt Lüge und von Toten Gestank. Von diesem Geruch auf den Duft einer Blume schließen zu wollen, ist der Tod selbst. Sterbend dulden sie kein Leben. Rosa bellte nicht nur laut, sie biß. Ihr Mann hatte fünf Brüder, und alle bissen. Ich kannte Rosa, seit sie mir meinen ersten Lover besorgt hatte. „Sei ein bißchen nett zu ihm." Einzig ihrer Autorität war es zuzuschreiben, daß er auch seine Unterhose auszog. Rosa war fett wie ein Wal. Die schönsten Männer lagen ihr zwar nicht gerade zu Füßen, aber mit etwas Anstrengung schaffte es Rosa, daß sie überall da lagen, wo sie wollte. Wieder und wieder versicherte sie mir, daß auch eine Frau abspritzen kann. Ich war dankbar, daß sie es mir nie zeigte. Ich liebte sie und ich haßte sie für ihre Unabhängigkeit. Sie heiratete Schläger. Wenn sie diese mit ihrer Muschi zu Hausschweinen domestiziert hatte, ließ sie sich scheiden. Sie brach die Herzen ebenso wie die Schlösser der Wohnungen, Häuser und Autos. Ein gekaufter Porsche hätte sie gelangweilt. Ihren dicken Arsch, ein Monument der Freude, fuhr sie lieber mit einem frisierten und umgespritzten Lada durch die Öde. Rosas Töchterchen gedieh in dieser Umgebung prächtig. Vergessen Sie alles, was an der bürgerlichen Erziehung gepriesen wird. Mutter und Tochter waren gesund… und kriminell. „Uns erwischt man nie", sagte sie an einem Morgen bei mir. Nach einer Scheidung und anderthalbjähriger Abwesenheit war sie mit allem, was zu einem Frühstück gehört, erschienen. „Ich bin jetzt Chefin eines Lebensmittelladens." Ich blickte auf den Krimsekt und füllte die Gläser. „Du ahnst ja nicht, was die Leute alles klauen", sagte sie. „Prost!" Rosa sah aus wie ein Heißluftballon. Ein glücklicher, grinsender, geschminkter Heißluftballon.

„Nur vor der Stasi hätte ich Angst. Die sind zu gut“, fügte sie hinzu. Sie waren nicht gut, sie waren wie ich. Gute Freunde von allem und jedem und Rosa. „Hunde, die laut bellen, beißen nicht“, sagte Scholz. „Mal sehen, ob die K was hat.“ Die K hatte nichts als über einhundertfünfzig Fälle mit Handschrift. Fälle, Fälle, Fälle und nicht den geringsten Hinweis. „Mmh“, sagte Scholz. „Hat zwar nichts mit uns zu tun, aber da gibt es einen Bungalow, in dem die Täter nach dem Einbruch die Uniformen verbrannt haben. Mmh… also hat es doch etwas mit uns zu tun. Ob es mit Ihrer Freundin zu tun hat. Ich glaube nicht.“ Der Dicke schwitzte. „Ich will nicht, daß Sie zuviel machen. Ich will nicht, daß Sie uns anbrennen.“ Rosas Geschichten gefielen ihm. Bei dem Gedanken an ihre Schamlippen leckte er sich den Mund. Er sah aus wie ein glücklicher und animierter Heißluftballon. Von nun an war ich dabei, wenn Rosa Partys steigen ließ. Kleine, ordinäre und lustvolle Besäufnisse. Jeder wurde naß, von außen und von innen. Vor der Disko überfiel sie alte Damen und frisches Geld. Man sah ihm nicht an, daß es die Rente war. Sie annoncierte „Auto zu verkaufen“ und schlug die Männer in irgendeinem Hausflur nieder. Alles ging schnell. Die Akten flogen hin und her, und die Kondensstreifen, die sie hinterließen, ergaben nach und nach die Konturen ihrer Technik. Wir feierten, auf jedem Bett wurde gefeiert, am Morgen ging ich nach Haus. Ich konnte mich nicht erinnern wer, aber irgendjemand hatte die ganze Nacht darauf bestanden, mir einen zu blasen. Am Nachmittag fuhr ich mit Hajkal zur ihr. Sie öffnete nicht, nur der Bezirksschornsteinfegermeister, bei dem sie sich, wenn es gar nicht anders ging, ein paar Mark hinzuverdiente, kam ängstlich die Treppen hinunter. „Gehen Sie“, zischte er. „Man hat sie alle abgeholt.“

Scholz hatte mich zu fragen begonnen, wer sich für eine Anwerbung eignen würde. Außer Rosa fielen mir sehr wenige ein. Er legte mir ihre Aussagen vor. Wie sie es schaffte, ihren Hintern an eine so kleine Wand zu bringen, bleibt keines der großen Geheimnisse dieser Erde. Sie verriet alles und jeden. Später landete sie in Terra incognita. Wir fuhren nach Hause. Am Abend kam Viktor. Er schmierte sich Zeugs auf die Nase. In die Wand eines Fahrstuhls in Rostock hatte er ein großes A geritzt, das er jeden Morgen auf dem Weg zur Schule küßte. Das A, das war ich, und als wir einschliefen, war die Seite meines Körpers und die ihn berührte, die seine. Die andere schlief nicht, die andere tat weh, die andere blieb wach, die andere hörte auf die Flugzeuge über dem Dach, sie flogen nach Rom oder Paris oder New York oder in Länder, die wir nicht einmal dem Namen nach kannten, aber Scholz kannte sie ganz gewiß, ihn würde ich fragen, die andere schlief nicht, an Viktors Seite war eine meiner Hälften glücklich, bei ihm war es gut. Es wurde kalt zwischen uns, einmal stöhnte er im Schlaf. Am nächsten Morgen schlug er die Augen auf und strahlte. Diese Welt hatte ihm wieder seinen Wunsch erfüllt. Zu erwachen, neben dem Mann, den er liebte. Er lachte. Daß sich nach Mitternacht ein Fremder zwischen uns gelegt hatte, wußte er nicht. Bevor er die Augen auftat, war Scholz, der Normanne, das Hologramm auch in der Nacht, längst wieder fort. Viktor, da warst du sechzehn und ich zweiundzwanzig. Doch du hast gelacht.

Sie hatten uns fotografiert, sich ein Bild von uns gemacht, dich oder dich, du auf der einen, und ich auf der anderen Seite. Die Seiten haben sie erfunden, ich sorgte nur dafür, daß es so bleibt. In den Listen stand, wieviel jeder von uns zu essen bekommt, wieviel Kleider, wieviel Auto, wieviel Buch, wieviel Liebe, und hatte einer zwei Zimmer zwischen sechs Platten, und hörte den Nachbarn husten, dann war das kein Zufall, es sollte so sein, und dann war er versorgt und am Ende. Alles Beton! Früher sagten sie: Das geht dich nichts an. Dann haben sie sich geändert und sagten doch prompt: Seid euch bewußt der Macht. Das hieß, mischt euch ein und seid gefälligst gute Nachbarn. Wie oft hat er gehustet? Welches Hemd hatte er dabei an? Wie, das konnten Sie nicht erkennen? Was, Beton? Unser Beton ist zwar nicht durchlässig, jedenfalls nicht für Sie, aber immerhin durchlässig. Beim nächstenmal schauen Sie gefälligst genauer hin. Was, gar kein Hemd? Unsere Kaiser sind nicht nackt. Bei uns hat jeder ein Hemd. Bei uns hat jeder Arbeit. Bei uns wird jeder satt. Bei uns hat jeder eine Wohnung. Bei uns hat jeder ein Arschloch, was rauskommt, muß auch irgendwie reingekommen sein. Nun stellen Sie sich mal nicht so an. Sie, stellen Sie sich mal hinten an. Stellen Sie sich mal an. Stellen Sie sich mal vor. Wie heißen Sie, etwas deutlicher, wenn ich bitten darf. Stellen Sie sich mal vor, wenn das jeder machen würde. Wie kommen Sie mir denn vor? Machen Sie das zu Hause auch? Rechtsabbiegen verboten. Rasen betreten verboten. Kinder spielen verboten. Durchgang verboten. Weitergehen verboten. Grenzgebiet. Dann fällt ein Schuß, und es wird dunkel, und auf die Garderobe ist selbst zu achten, dann werden sie plaziert, schon wird es dunkel, das Blut läuft aus Ihrem Hals, und nun haben Sie genug verloren, Sie Sozialist, Sie, und deswegen ist dieser Abschnitt hier zu Ende. Haftung wird nicht übernommen. Nun aber Schluß. Wenn's am schönsten ist, dann soll man gehen, sagte die DDR. Nu isse wech. Zu dumm.

Wir machen weiter: Das klingt nur so. Parade, Parade. Wollten Sie nicht auch mal eine eigene, nur für sich, ganz alleine, all die vielen Menschen. Wollten Sie. Geben Sie's doch zu. Unterschreiben Sie hier. Und dann dürfen Sie schlafen. Wollen Sie nicht endlich schlafen? Sie bekommen auch einen fairen Prozeß. Wenn Sie nicht wollen, können Sie ruhig weiterschlafen. Müssen auch nicht daran teilnehmen. Ist sowieso überflüssig. Ist sowieso beschlossene Sache. Also gestehen Sie, mir können Sie's doch sagen, Frau Krause, daß Sie der Papst sind, nicht mal getauft wurden und als Telefonzelle vom Klassengegner nach Köpenick geschickt wurden, um uns dort das Wasser wegzutrinken. Was, davon würde man sterben? Damit haben Sie sich verraten. Wenn Sie daran nicht gestorben sind, dann leben sie noch heute. Und das ist nicht normal, nicht bei uns, das gibt's nur beim Gegner. Unsere Menschen sterben nämlich, wenn sie unser Wasser trinken. Was, das stimmt nicht? Von unserem Wasser wird man gesund? Damit hast du dich verraten, Genosse! Du bleibst in der Partei. Du bist einer von uns. Nun geh erst mal nach Hause und erhol dich. Das machen wir mit jedem, die Revolution, mußt du doch verstehn. Verstanden?! Na also… Und wenn es dir nicht paßt, wirst du kahlköpfige Sängerin bei Ionesco. Parteiauftrag.

„Wir kommen hier raus. Wir schaffen es", sagte Jörg. Seine plötzliche Zuversicht machte mich mißtrauisch. Ich war mir gar nicht so sicher. Oben an der Kugel erschien das Kreuz, als die Wolken aufrissen. Aber das hatte mit uns nichts zu tun. Wir gingen unten. Wo der Beton offen war, kam der Rasen zum Vorschein, und die Hasen an der Marienkirche glotzten uns an. Einfach so. Um die Nikolaikirche gruben sie ein Loch. Für uns oder für ihre Platten. Ich hoffte. In der Leipziger Straße staute sich der Verkehr. Alles war naß, und den Dunst von hinten aus den Autos auf der Straße an der Mauer unter den Hochhäusern rechts neben uns links von den kahlen Büschen vor den Leuchtreklamen „Sofia“ und „Kauf nicht bei mir“ sah man selbst noch im Regen. Die Leute schleppten Papier. Ein Lautsprecher klirrte „White Christmas“, und bei Irving Berlin klingelte die Kasse. „Davon wird man hundert Jahre alt“, sagte ich und trabte neben ihm her. „Wir kommen hier raus“, sagte er. Dann kam eine Post, wo sie die Briefe öffneten, dann kam eine Bank ohne Geld und dann ein Hausflur. Der Lift zischte, es ging nach oben. Endlose Gänge, wir schauten nach unten. Unten war Smog. „Wir müssen hier raus.“ Eine Tür ging auf, und wir waren raus und drin in der Schweiz. In die Schweiz kam man mit einem Fahrstuhl. Rudi und Ilian stellten Wein auf den Tisch. „Nun essen wir“, sagte sie mit einem harten CH, wo gar keines hinkam. Dann tranken wir Wein. An den Wänden hingen schöne Bilder. „Seid ihr oft drüben?“ fragte Jörg. „Du chommst hier raus. Du schaffst es CH“, sagte Ilian. „Ist was, Andreas?“ fragte sie. Ich sah mir nur die Schlösser an, 25 Mark, die Fenster, 25 Mark, die Telefone, 150 Mark, die Türen, die Tischdecken, den Blinddarm und die Plastiken. Es war nichts. Jörg fragte sie nach dem Asylrecht, nach der Genfer Konvention und dem dazugehörigen See.

Am Morgen kamen sie mich holen, zwei Männer mit grauen Gesichtern wie benutzte Ärmelschützer. Es war wie im Film, früh klopfte es. Jörg ahnte es: „Jetzt kommen sie mich holen.“ Halbnackt ging er zur Tür, schon waren sie drin. „Machen Sie kein Aufsehen, Ihren Ausweis!“ Schwarze Mäntel bis zum Kinn, verdeckte Ermittlung, verdeckte Knopfleiste. „Machen Sie kein Aufsehen!“ Ich protestierte, dann nahmen sie mich mit. „Wohin bringen Sie mich?“ Jörg versprach, alles für mich zu tun. „Gehen Sie vor“, sagte einer, „wir wollen kein Aufsehen, auch besser für Sie.“ Auf der Straße schrien sie, er solle sich nach Hause scheren. Auf der Straße fuhr die Dreizehn, da pißten die Hunde, an den Ecken waren die Häuser schon ganz dünn und schwarz, und die Bogenlampe zur Hälfte durchgerostet, wo die Mosaiksteine fehlten, hatten sie Teer reingekippt. Auf der Straße umarmte mich Jörg, dann ging es weiter in ein Auto. Ich fragte, wohin. Sie sagten, zum Alex. Aber es ging nicht zum Alex, und ich sagte: „Aber es geht nicht zum Alex." Sie fuhren einmal mit mir um den Block, Boxhagener Platz, hätte ich auch laufen können, da hielt die Karre. Aussteigen! Stieg ich doch aus. „Sie bleiben hier stehen!" Die Ärmelschoner mit der verdeckten Knopfleiste gingen zu einem Mann, der zog rasch einen Ausweis mit Lederband aus der Tasche. „Sie werden jetzt hier übernommen", sagte einer. „Von wem?" fragte ich. „Wissen wir auch nicht. Wir sollen Sie nur übergeben. Kein Aufsehen bitte." Ich ging zu dem Mann, und der ließ mich einsteigen. Wir fuhren raus aus der Stadt. Links war Biesdorf, dann kam eine Mülldeponie, und das hatte zur Folge, daß rechts Mahlsdorf lag. Dann wieder Müll, aus einem Auto qualmte es, war ja schon alt, und wir hielten. Scholz lachte. „Prima gelaufen, gut gemacht." Die Sächsin servierte Menü, hatte sich eingespielt, immer wenn wir kamen, lag das Gedeck auf dem Tisch, Vorspeise, Suppe, dann Hauptgang mit Klößen und Halbgefrorenes zum Schluß und ganz zum Schluß die Flasche.

Der Mann war ein Mann war ein Mann. Einer wie alle, und alle für einen. Das Sofa furzte. Er war schwer begeistert vom guten Essen. „Hajkal wird das überall rumerzählen, ein phantastischer Multiplikator, gut für Ihr Ansehen in der Szene. Sie waren der Letzte, der noch nichts mit der Stasi zu tun hatte. Wurde auch Zeit." Da sah er aus wie ein Bernhardiner, und ich war tete, daß er zu sabbern begänne. Machte er aber nicht, weil draußen die Vögel laut pfiffen und Hunde Angst davor haben. Wovor hatte er Angst? Ich weiß es nicht. Ich kann es nicht sagen, kann mich nicht erinnern, hab alles vergessen. Mir tut jetzt mein Kopf weh und mein Hals und meine Zähne und meine Knie, und mir ist kalt. „Dann trinken Sie noch einen", sagte er. „In Prag müssen wir mal richtig einen trinken." Alles für Hajkal, damit der's nicht merkt, damit der bleiben kann, und zwar bei mir. Ich liebte Jörg, ich liebte Viktor. Dann wollte Fritz spielen. Stört den König im Bad nicht. Die Legende: Offiziell wurde ich zum Alex gebracht, dort vernommen, dort verwarnt, dort ein paar Stunden festgehalten. Jetzt übten wir: Wie sah das Büro aus, wie der Mann, was hatte er an, was sagte er, wo lagen die Akten, lagen dort Akten, wo war das Büro, in welchem Stockwerk, wie sah der Gang aus, wie spät war es dann, wie kamen Sie nach Hause, fuhr man Sie wieder, oder ging's mit der Bahn? Alles täuschend echt, alles Kulisse. Wir spielten den ganzen Nachmittag Krieg. Dann war ich, wie Fritz es befahl, am Alex gewesen, alles gelernt. Jörg hüpfte. Bei Elke hatte er alle Dokumente und Manuskripte versteckt, wegen Hausdurchsuchung und weil er nicht wußte, was drin stand. Von unseren paar Kröten hat er gekocht. Ich mußte stopfen. Am Abend fuhr er mit Anna nach Potsdam. Hatte die ihm Schuhe gekauft. Sie hatte Geld, konnte dafür aber nicht beten. Als er ging, sagte er: „Wir kommen hier raus." Dann kam Viktor und wollte mich lieben. Dann kam der Winter, und alles wurde immer schlimmer. Im Hof lag neben dem Müllhaufen, der lag da schon seit Jahren, lag da eine tote Ratte. Keiner räumte sie weg, aber sie verschwand trotzdem, wie wir alle, wenn die Geschichte zu Ende ist, also immer zu früh, immer wenn es am schönsten ist. Aber Sie wollen wissen, wie die Ratte verschwand. Sie verschwand ebenso, wie Tag für Tag in Berlin die Hundescheiße verschwindet. Im Winter geht sie mit dem Schnee und dem Regen. Im Sommer wird sie erst trocken, von Mittwoch bis Freitag zerfällt sie zu Staub, ab Samstag atmen Sie's ein, und was Sie Sonntag in ihr Taschentuch schnauben, ist die Antwort all Ihrer Fragen. Er wollte gehen. Er konnte kaum atmen, östlich von Eden. „Wir müssen hier raus."

Wir waren kaum eingetragen, da waren wir Scheiße, nichts als Scheiße für sie, eine Nummer, da sollten wir sterben. Im Deutschen gibt es mehr Worte für den Tod als für das Leben. Wir waren längst eingetragen. In einem Land, wo man Bücher verbietet, verbietet man das Leben. Erst wenn sie weggehen, fangen sie an, genau hinzuschauen. Wir saßen um den Tisch herum, alle redeten vom Gehen. Ein paar machten ernst. Weihnachten zündete Anna die Kerzen an und kochte Suppe. Jörg versuchte sie zu hassen, weil er weggehen wollte. Anna versuchte ihn zu halten, und täuschte eine Schwangerschaft vor. Als der Bauch nicht wuchs, kam es raus. Am Abend brannte hinter jedem Fenster ein Baum. Später kaufte sich Anna einen Yorkshire-Terrier, der sich in ihrem Pelzkragen verlief. Daisy hinkte, und Anna hatte Mitleid mit ihr. Am Abend, als alle Kerzen schon brannten, fuhr mich Jörg zum Bahnhof. Viktor trug ein weißes Leinenhemd, einen winzigen Lederkoffer, und bis zum Essen knutschten wir. Potsdam leuchtete, aber als es Viktors Leuchten sah, gab es auf. Potsdams Leuchten hinkte. Als ich Viktors Hosenschlitz aufknöpfte, klopfte Anna und rief: „Essen!“ Wenn wir einschliefen, träumten wir. Jeder auf der anderen Seite der Mauer. Im Traum hab ich Paris gesehen. Es war so furchtbar, daß ich bis heute nicht fuhr.

Alles fror zu, das Waschbecken und die Toilette und die Fenster, nur die Spree blieb offen, damit keiner rüberläuft. Es war so kalt, daß sich der Kleber löste und die Bilder hinter dem Glas nach unten fielen. Ich hatte Angst, und sie blieb. Die Bilder waren schief hinter dem Glas. Alles war schief. Die Welt stand kopf, und wenn man einem Menschen in die Augen schauen wollte, mußte man Handstand machen, das entlastete die Schuhindustrie. Als mich mein Stiefvater, der Ostler, in die Brandung der Ostsee warf, damit ich endlich schwimmen lerne, flehte ich ihn an: „Laß mich noch einmal raus!“ Er ließ mich nicht raus, und ich lernte nicht schwimmen. Sie ließen Jörg nicht raus, und aus ihm wurde nie ein guter DDR-Bürger. Jörg wollte nur einmal raus. Mit dem Reinkommen hatte es keine Eile.

In meinen Berichten schrieb ich, daß er bis zum Äußersten gehen würde, bis dahin, wo man nicht mehr stehen kann, uns stand das Wasser zum Hals. Killing Daddy sagte, daß er nichts tun könne. Sein Sohn mußte Sport treiben, er trieb ihn, bis zum Äußersten. Der Sohn kam zur Sportschule. Als erfolgreicher Sportler würde er einen guten Einstieg bei der Firma haben. Plötzlich war Scholz traurig. Der Sohn kam ins Krankenhaus, die Ärzte drehten Pirouetten um sein Bett, aber die Ursache für die Lähmungen fanden sie nicht. Sein Sohn war ein Sohn und Jörg war ein Sohn. „Das ist unsere größte Angst“, sagte er. „Niemand kann dafür, wenn die eigenen Kinder aus der Reihe tanzen.“ Man müsse den Fall noch einmal gründlich überprüfen, sagte er. In einem Café, wo wir öfter den Schmerz mit diversen giftigen Schnäpsen betäubten, wie Katja sagen würde, lernte er einen Boxer kennen. Erst wollte er nicht an den Tisch, dann setzten wir uns zu ihm und quatschten drauflos und rauchten und soffen zu dritt, und beide hatten einen zu laufen, einen Ausreiseantrag, und die Kellnerin lief mit den Schnäpsen, und die beiden trafen sich wieder. Mal mittags, mal abends. Der Boxer wohnte bei Kirchens, in einem Stift. Schrieb ich doch glatt einen Bericht. Wie ich mich freute, wenn's wieder was gab. Wenn es dunkel ist, besteht die Kunst darin, das Schwarze zu mehren. Verrat ist eine Lust aus Verzweiflung.

Nach seinen Besuchen beim Rat des Stadtbezirks Friedrichshain, Abteilung Inneres, heulte er. „Ich komme hier nie raus." Dann fuhr er zum Boxer. Der Boxer hatte eine Gruppe aufgebaut: Männer, Frauen und Kinder, ein Informationsnetz Ausreise. Anfangs hielt ich ihn für einen Schwätzer. Ich warnte Jörg, aber der wußte mehr. Er verbarg etwas vor mir. Ich rief Scholz, ich wollte behalten, ich wollte nicht mehr allein sein, war er bei mir, der wieder lachte und nachts ruhig schlief, ohne mich, ich gewöhnte mich damals an alles, dann war es gut, denn ich war nicht alleine mit Scholz. Mit ihm zusammen hatte ich recht. Alles Scheiße, ein Knast, Verbrecher, sinnlos, darüber zu diskutieren. Ohne ihn brach mein Rechthaben zusammen, und Scholz setzte sich drauf. Mit Jörg gab es Luft, mit Scholz gabs Ersticken.

Blickte man aus dem Fenster, war das Dach eines alten Kuhstalls zu sehen, ein roter Ziegelbau mit kaputten Türen und kaputtem Glas. Dahinter rauschten acht hohe Pappeln. Auf dem Zettel stand, daß er bei Catrin übernachtete. Die Pappeln waren kahl und der Mond schien. Ich rannte aus dem Haus, da stand ein Taxi, ich fuhr. Dann wummerte ich an die Tür, und niemand machte auf. Dann ging das Licht aus. Eigentlich war ich besoffen, es sollte ein Scherz werden. „Ministerium für Staatssicherheit, sofort aufmachen!" Das half. Aus der Tür guckten drei bleiche Gesichter. „Hast du 'ne Macke", brüllte Jörg und stampfte. Dann zog er sich an und ging mit mir auf die Straße.

Draußen gab's wieder Mond und Laterne. Er lief immer hin und her. „Ich kann dir nichts sagen. Ich darf es nicht. Ich darf dich da nicht mit reinziehen." Dann kam er ganz nah und legte seine Arme um mich. „Wenn etwas passiert, dann erfährst du es aus der Zeitung. Das verspreche ich dir. Mann, ich hab dich doch lieb." Ich fuhr nach Hause. Zum Stall mit Pappeln. Im Hof stand „Milch" an der Wand. Das stand da noch von früher. Einmal waren wir bei einer Party. Es gab Bier und alle standen vor dem Fernseher. Nina Hagen nahm eine Perücke aus dem

Koffer, damit sah sie aus wie Fossybär. Da sang die doch Zarah, und wir fielen um. Das Leben hatte Ninas Stimme. Jörg blieb weg über Nacht. Am nächsten Morgen kam er mit vier Schrippen, einmal Schmelzkäse, den eingeschweißten Salamischeiben, viereckig wie 'ne Neubauwohnung, in der Konsumtüte war Margarine und Kaffee, Eier und Zigaretten. Als erstes rauchten wir eine. Da waren seine Haare schon länger. Eine Frau hatte ihn aufgegabelt, dann war sie eingepennt. Damit er nicht wegrennt, hatte die Alte die Tür abgeschlossen und den Schlüssel versteckt. Hat er doch glatt zwanzig Mark geklaut und ist auf den Balkon gegangen. Unten waren Büsche. Da sprang er. Der ließ sich nicht einsperren. Wir frühstückten. Schmeckte alles nach Bautzen. Der Hunger triebs rein.

Scholz schmeckte die Sache nicht, und immer, wenn ihm was nicht schmeckte, hieß es: Dranbleiben. Es war schon Mitte Januar, und wir kamen eben von Rosa, die hatten sie am Morgen geholt. Wenn wir nachts nach Potsdam gurkten, raste er so lange auf der linken Spur, bis ich pissen mußte. Oder das Hoftor. „Offen oder nicht?" Er gab Gas. Es war immer offen und knallte gegen die Wände, und wir waren drin. „Ist doch nicht meins." Wir fuhren halb um den Bersarinplatz. Die Ampel war rot. Er wollte woanders hin. „Ich bin abends zu Hause. Du mach es gut." Da stand das Auto schon, und ich stieg aus vor der Ampel, die war rot, gleich neben einer Fahne. Ich ging links vor dem Auto über die Straße, ging rückwärts, mit dem Gesicht zu ihm, er schaute mich an, da war schon etwas dazwischen, die Scheibe, und er haute auf die Hupe. Schritt für Schritt ging ich rückwärts, er hupte, es war grün, und er fuhr nicht. Ich winkte nochmal, da konnte ich ihn kaum noch erkennen, dann fuhr er, da sah ich ihn ganz genau. Als die Ampel wieder rot war, wie die Fahne, wie der Schnee. Alle trotteten und guckten nach unten, als läge da Geld. Die sahen auch nichts.

Im Radio machten die Amerikaner Werbung: East Berlin ist only a short way. Hab ich doch gleich gewußt. Eine Frau, die hatte auch schon bessere Zeiten gesehen, führte ihren Hund Gassi, der hob sein Bein an jedem Baum, und nie kam was raus. Dann kam die nächste alte Frau mit Hund. Die ganze Straße war voller Scheiße. Für jedes Loch in den Steinen gab's einen Haufen. Auch ein Auto, auch eine Litfaßsäule mit einer

Kuppel aus Rost wie ein Dom, ein paar Frauen, die grüßten mit ihrem rechten Bein, Friedrichstadtpalast, bei uns war alles anders, eine Drogerie mit fünfzigmal Ata in einem und einem Stapel bonbonrosa Schwämmen im anderen Schaufenster, und Scholz im Auto an der Ecke. Er sagte nichts und gab Gas. „Wir können jetzt gar nichts machen und müssen erstmal warten." Als ich ausstieg, waren die Schwämme weg.

Er kam den ganzen Tag nicht, und Scholz sagte: Warten. Berufsverkehr, es war noch hell. Jetzt verrate ich dich. Ich wußte nur nicht wie oder was. Jeden Tag waren seine Haare gewachsen, und seine Haut war wieder glatt. Das interessierte Scholz nicht. Er fragte: „Wo könnten sie sein?" Und ich sagte: „Potsdam." Da sagte er: „Wir können da ja mal nachschauen lassen." Zu Hause standen seine alten Schuhe, die Spitzen gegeneinander, ganz ausgelatscht. Und auf dem Bett lag ein Hemd. Nach acht kamen Dirk und die anderen. Wollten sehen, ob ich noch da bin. In den Nachrichten hatten sie einen Brief gezeigt, und unter dem Brief stand Jörgs Name. Da war er schon in der Botschaft, und sie baten den Präsidenten um Asyl. Nach Mitternacht kam Anna und heulte. Sie hatte Schnaps mitgebracht. Sagte die doch glatt: „Wir müssen hier raus!"

Im Tiergarten steht sich der Rhododendron die Beine in den Bauch. Alte Leute auf einer Bank, dachte ich später, sehen so friedlich aus und so gütig. Manchmal füttern sie Enten, das ist auch furchtbar. Und heute steht im Treptower Park ein Mann mit 'nem Kind und 'nem Schwert und 'nem Mantel. Überall bauen sie Denkmäler hin, da bleibt kein Platz für alte Nazis, die bleiben zu Hause und freuen sich. Allein geht's den Enten viel besser. Was bleibt?

Anna war um drei in der Nacht gegangen, ich räumte die Gläser weg, um überhaupt was zu tun und nicht andauernd Nachrichten zu hören. Im Radio RIAS und AFN und BBC und SFB und Deutschlandfunk, nur Stimme der DDR war stumm. Uns gab es nur im Westen. Du warst weg, in der US-Botschaft, konnte ich auch gleich glücklich sein. Der Dicke würde sich zerfetzen. War doch nicht meine Schuld. Sollten die mal auf Leute hören, aber das taten die nie, da konnte man bitten und betteln, laßt ihn raus. Nun machten einige was. Nun wollte ich auch weg und knipste das Licht aus, wie es der Letzte immer macht. Nachts war es dunkel, das hatten die auch nicht ändern können, ich saß bis in den Morgen auf dem Bettrand und schaute mir meine Knie an.

In der Normannenstraße wußten sie nichts. Ohne uns wußten die nie was. Um sieben war nur die Sekretärin da, ich saß komischerweise in einer Mitropa, aß Eier. Unten in der Halle schleppten die Leute Koffer, ein Schalter wurde aufgemacht, die anderen waren zu, wo es offen war, standen sie Schlange, dann war der Kaffee kalt, und um zehn nach sieben sagte Scholz: „Beruhigen Sie sich, ich bin gleich da." Der Mann im Anzug mit dem Auto, mit der Tasche. Ich war müde und kam mir vor wie aus Glas und wußte nicht, wo mein Arm aufhörte und die Straße begann. Scholz hatte nur zehn Minuten: „Ich weiß auch nichts. Wir sind selbst überrascht. Machen Sie sich keine Vorwürfe. Damit hat niemand gerechnet. Ich muß zurück in die Beratung. Die kommen jetzt alle zu mir. Vielleicht lassen wir sie nicht. Dann schmoren die ewig da drin. Werden die Amis sich freuen. Vielleicht kommt er noch mal nach Hause. Wär gut gewesen, wenn Sie mit drin wären. Dann hätten wir Sie jetzt beim Gegner. Das wäre 'ne Fahrkarte aus Gold. Aber heute und morgen tut sich sicher noch nichts." Da war er weg. Alle zwei Tage ein Auto, vor dem Bahnhof hingen die schlappen Fahnen, drinnen kam die U-Bahn, die Rolltreppe stand. Ich verpaßte den Zug. „Nur noch ND", sagte die Zeitungsfrau.

Dann kam Juliane und hatte nasse Augen, als sie mich sah, große Kuhaugen. Ich war noch da, das hatte sie nicht geglaubt. Nachts schrieb sie ein Gedicht für mich. Richtige Strophen, sogar noch gereimt, das gab sie mir dann. Am Abend kam Scholz, und der hatte gar nichts. Im Westen gab es einen Film mit Richard Burton. Burton hatte sich für Reisen eine Tasche anfertigen lassen, in die seine Shakespeare-Ausgabe hineinging. Ohne die Tasche konnte er nachts im Hotel nicht schlafen. Denn Shakespeare hat etwas Beruhigendes. Du liest und weißt, daß, wenn du durchhältst und das Licht nicht ausgeht, am Ende ein Schluß ist. Meine Geschichte war um einen Schluß noch bemüht.

„Wir lassen Sie raus", sagte Scholz und stopfte. „Hier ist erst mal eine Prämie für Sie. Auch wenn wir die Sache nicht verhindern konnten, haben wir durch Sie Material über ihren Aufbau und ihre Strukturen gewonnen. Sie werden in den nächsten Tagen sehr viel zu schreiben haben. Ein richtiges Dossier, vor allem mit Ihren Einschätzungen. Sie wissen in dieser Beziehung sicherlich mehr als wir." Er schaute zur Seite. „Da wird ein ganz großer Fehler gemacht", sagte er. „Wir hatten einmal so etwas wie einen Mauerbonus, aber nun ist der Druck im Kessel einfach zu groß. Er kann uns jeden Tag um die Ohren fliegen." Ich trank. „Er fliegt doch schon", sagte ich, und er schwieg. „Da sind auch Erdnüsse", sagte er. „Das mit Jörg hätten Sie billiger haben können", sagte ich. „Seine Ausreise war fast durch", flüsterte Scholz. „Vielleicht noch vierzehn Tage. Sie sollten mal schlafen, ich hole noch eine Flasche, bleiben Sie sitzen." Draußen regnete es, und die Sonne schien, und es schneite, und bonbonrosa Badeschwämme aus Plaste verstopften die Straßen, und ein Baum kippte um, und die Milch wurde sauer, und im Klo rauschte die Spülung. „Wir waren noch nie so nah an der Geschichte dran wie jetzt", sagte er. „Damit hätten wir beide ganz groß rauskommen können. Ein winziger Hinweis auf die US-Botschaft, und die Sache wäre so unterbunden worden, daß niemand Rückschlüsse auf Sie hätte ziehen können. Hätten wir gewußt, daß sie dann und dann in das Haus hineinwollen, hätten wir mit unseren eigenen Leuten einen Vorfall provoziert, eine kleine Anti-DDR-Demonstration, um es mit VP abriegeln zu können. Ein bißchen Aufwand, aber nicht zu viel für das, was uns nun blüht. Ihr Freund macht nämlich ein Modell auf. Es ist entschieden, daß sie rauskommen. Vogel ist bereits beauftragt worden. Hajkal wird wahrscheinlich sofort auseinandergenommen, und vielleicht plaudert er auch über Sie. Das ist günstig. Mit dieser Aktion hat er den Beweis angetreten, daß Sie sauber sind. Kommt keiner mehr darauf, daß Sie einen konspirativen Hintergrund haben. Auch kein Schmutz. Die Legende machen immer die anderen. Wir müssen sofort, wenn er im Westen ist, den Kontakt zu ihm wiederherstellen. Um jeden Preis. Haben Sie Ihren Telefonantrag schon abgegeben? Prima. Mal sehen, was sich machen läßt. Treffen uns morgen. Hier ist das Geld."

Die Amerikaner hatten den Fall den Westdeutschen übergeben. Die Westdeutschen beauftragten den Ständigen Vertreter. Die DDR beauftragte Wolfgang Vogel. Wolfgang Vogel war Hajkals Strafverteidiger gewesen, einst, als Jörg kaum trocken vom Wasser der Drau war. Vogel verlor den Prozeß, Jörg die Freiheit. Nun waren sie in der Botschaft, bei mir lagen seine Sachen, ich kramte herum und fand den Brief, die halbe Seite A 4: „Sehr geehrter Herr Hajkal! Es tut mir leid, daß ich nun nichts mehr für Sie tun kann. Dr. Wolfgang Vogel." Nun konnte er, nun mußte er, nun durfte er, ich pinnte den Brief über meinen Schreibtisch. Ich ging einen Schritt rückwärts. Da hing er sehr gut.

Am Nachmittag des 21. Januar 1984 waren sechs Personen in die Bibliothek der Botschaft der Vereinigten Staaten von Amerika gegangen. Sie fielen zunächst nicht auf. Einer von ihnen fragte den Bibliothekar, ob er das Telefon benutzen könne. Gegen 17.00 Uhr sollte die Botschaft geschlossen werden. Man bat sie, freundlicherweise zum Ende zu kommen. Die Sechs erklärten in dieser Minute, daß sie um politisches Asyl bitten würden. Sie setzen sich auf den Boden. Ein paar Anzüge erschienen und drohten. Dann wurden die Marines, Kerle mit weißen Helmen und Steaknacken, gerufen, um sie mit Gewalt nach draußen zu befördern, als vor dem Tor die Presse aufmarschierte. Der Anruf hatte gewirkt! Das Tor der Botschaft wurde geschlossen. In den Zwanzig-Uhr-Nachrichten der ARD erschien ihr Offener Brief an den Cowboy. Nachts schliefen sie nicht. Dann kam Vogel, dann gab es die Formalitäten. Der nächste Tag verstrich. Dann kamen die Autos, sie hatten Angst, dann gab es ein paar Ehrenworte von Vogel und dem Ständigen Vertreter. Da ihnen keine Wahl blieb, glaubten sie. Glaubten sie zwar nicht, setzten sich aber doch in die Autos, die konnten sogar fahren, hatte schon keiner mehr gedacht, dann in Vogels Kanzlei, Friedrichsfelde, die Straße der Befreiung, dann kam die Friedrichstraße, keiner so leicht wie dieser, der leichte Abschied, dann der Beton und die Lücke im Beton, und unter dem Stiefel auf dem Land, sogar noch ein Schlagbaum, wir wollen niemals auseinandergehn, daß Menschen solange den Atem anhalten können, und weil der Mensch ein Mensch ist, kam dann der Westen. Bräutigam spendierte Hähnchen für alle, und Hajkal fuhr mal eben zum Pariser Platz, sah ja keiner, um mal von der anderen Seite zu schauen, wie die Stasi so ist. Mit 'nem Huhn im Bauch ist es von der anderen immer schöner, ganz dicht beim Tor noch die alten Straßenschilder, hinten machte der Asphalt einen Knick und endete, vom Pariser Platz aus, von woanders, von dicht beim Tiergarten, vom Westen, von draußen, von, jetzt mußt du atmen, vor der Fassade eines Palastes. Konnte man nicht mehr sehen, daß es dahinter nach links geht, daß es links noch weitergeht. Da standest du mitten in der Nacht, und mein Trenchcoat lag in Annas Auto, da hast du dringesteckt, warm war er nicht mehr, aber ich war nun stolz auf den Fettfleck unten links, den hast du reingemacht. Wenn einer geht, schnuppere ich immer noch eine Nacht am Kissen. Vier vergessene T-shirts liegen noch irgendwo rum. Jeder läßt etwas liegen. Nach drei Tagen riecht es nicht mehr, und erst, wenn es nicht mehr riecht, bist du richtig weg, früher sagten wir, in den Westen gegangen und heute irgendwohin. Die Story ist erst mal zu Ende.

1924 malte Tamara de Lempicka „La femme avec téléphone“. Zum erstenmal hält eine Frau in der Geschichte der Malerei einen Hörer in der Hand, denn sie kann sprechen, ein Zeichen neuer Unabhängigkeit, so malen nur Frauen Frauen, Männer malen anders, da stecken sich Frauen bestenfalls den Hörer in die Votze, und dann sagen die Kerle: Die Verbindung ist heute so schlecht! Meiner hing mit an der Strippe, gab es ein Telefon für mich, orange und rund an den Ecken, war alles so logisch, Hajkal rief an, aus Köln, wie 'nen Handtuchhalter schmatzte ich den Saugnapf an die Muschel, an deine Stimme, und das Band lief mit, ein Walkman. So was gibt es im Westen in jedem Laden, sagte Scholz. Es war mitten in der Nacht, und dein Lachen kam klar auf das Band: „Mensch, stell einen Antrag, nach der Aktion hab ich Topverbindungen. Noch hab ich sie. Beeil dich. Du kommst da raus.“ So ging das, dann sagte ich: „Wart mal“, denn ich mußte die Kassette umdrehen. „Wo warst du?“ – „Eben mal pissen“, sagte ich da. L'homme avec téléphone. Der Mann ist ein Mann ist ein Mann, ist geworden ein Mann, wie er wollte, drehte mal um, du legtest auf. Dann tat es weh, mit dir zu sprechen, Mitte der Nacht in Ostberlin, kein angenehmes Gefühl. Hilfe, ich werde verrückt, wußte ich schon, schnitt jedes Brötchen in drei Hälften. In der Mitte vom Scheitel bis runter zum Schwanz hatte ich einen Reißverschluß, den haben wir von der Tasche geschnitten und bei mir eingesetzt, ritsch, ratsch, rauf und runter, ich muß hier raus, ich kann nicht mehr, ich liebe doch alle, jetzt will ich kein Nazi mehr sein, das bringt mich um, ich kann sogar schon um Ecken gucken, ist doch nicht normal. Sitz ich mit Scholz und sage, Moment mal, der redet vom Ficken und vom Klassengegner, dieses fette Schwein, ich nehm mir 'nen Zettel und schreib eine Zeile: „Der Teufel ist ein deutscher Mann", fragt der, was schreiben Sie da?, sag ich, ein neues Gedicht, sagt der, lassen Sie sich mal nicht erwischen, ich lache und stecke es weg, das alles muß man auf den Gipfel treiben, wenn man schon krepiert, dann mit Pomp und Schalmeien, weiter nach links ging's nun nicht mehr. Ein strahlend weißes Banner hing am Schiffbauerdamm, am Theater, alles Theater, rüber über die Brücke mit dem preußischen Adler, mußte man erst rüber, dann konnte man's lesen, was draufstand: „Denn nur der Macht zu Füßen, kannst du die Macht begleiten", gab es ein Stück von Peter Hacks, aus seiner Seele geschnitten, schwarz stand es auf Weiß, der Arschkriecher nahm mir mein Geld weg, kam aus derselben Kasse, der schrieb das Rezept. Nachts ging das Telefon, war Köln dran, jede Woche. Das erste Foto von dir, der Westen macht schön, deine Haare waren gewachsen, lag noch ein Zipfel Wurst in meinem Schrank. Weil es nicht schmeckte, hab ich nur noch gesoffen, schmeckte alles nach Bautzen. Morgens, unten, wo der Tag am jungfräulichsten ist, sagte das Telefon gar nichts, mittags rief ich an.

Ihr Schweine, mir tut heut noch mein Arsch weh, für euch war es ein guter Fick, von euren Schwänzen bekam man die Syph, die bekommt man bis heute, wenn man nur an euch denkt. Jetzt kommt eine Wetterfront, jetzt schnall ich mich an, werde total ungerecht, nimmt mir doch keiner ab, den lausigen Job, mittags rief ich an, der Blockwart, geben Sie mir mal den Obergruppenführer, den Obersturmbannverführer, den Verrat des Stadtbezirks, das Ministerium für Ratlosigkeit, den Stadtbezirk Leichenberg. Na Sie, mal indonesisch essen?, Stasi-goreng, haben grade was reinbekommen, frisch geschossen, koscher, gut ausgeblutet, links links links, den Potsdamer Platz haben sie nicht mehr bebaut, zum Schluß wuchsen da Orchideen über den Bunker, die hatten Respekt vor Adolf Hitler, rief ich doch an, beim Ministerium für Besitzstandswahrung, beim, ich krieg den Namen nicht mehr zusammen. Da man meine Mutter nach Hoheneck brachte und meinen Vater nach Waldheim, sagten meine Großeltern zu mir, so darfst du nie werden, bei ihrer Einlieferung wurde sie gefoltert, als sie rauskam, war sie eine alte Frau, einmal habe ich sie im Gefängnis besucht, da war ich elf, seitdem hatte ich Angst, es ging durch zwanzig Tore und Türen und Gitter und Gänge und Zimmer und Angst bis heute, dann kam sie, im Filzkleid, mit zerrissenen Strümpfen und 'ner Beruhigungstablette im Bauch, um gehen zu können. Hatte sich grad vorher eine andere Frau eine Schere in den Mund gesteckt, um endlich zu sterben, da wollte ich nie hin, so sollte ich nie werden, ging ich doch gleich zu den Wärtern, um nicht zu werden wie Vater und Mutter, das alles hat Scholz gewußt. Mein süßer dicker Nazi, ihr, die ihr zusaht. Ich wollte Rache, Rache statt Mutter und Vater, auf euch hab ich geschissen mit dem, was ich bei Stasis gefressen. Für meine Mutter und meinen Vater gab's Kohl, gab's Suppe und jeden Tag und zum Geburtstag des Imperators verfaultes Fleisch. Rief ich doch an bei der Stasi, bist du im Knast, kannst du nicht mehr reinkommen, jeden Tag die Angst, jede Nacht und immer nach der Nationalhymne. Wenn sie uns heute versprechen, keinen Mucks mehr zu sagen, versprechen wir ihnen ein feierliches Begräbnis. Dann nehmen wir einen Ghettobluster und tanzen auf ihren Särgen. Wir kaufen das teuerste Holz, dann gibt's keine Schrammen.

Jutta sagte, wenn du mir einen Antrag schreibst, bezahle ich ihn selbstverständlich. Ich nahm kein Geld. Nicht von ihr. Scholz warnte mich, es wurde bekannt, es sprach sich rum, war ein kleines Land mit dicken Menschen, deswegen gab's überall Gedrängel. Hören Sie auf damit, befahl Scholz, ich hörte nicht auf. Ich hatte vor Hajkal gewarnt, jetzt hörten sie. Ich schrieb einen Bericht über Catrin, die hatte Kontakt zur „Westpresse", „Der Maulwurf" war eine Schülerzeitung, die wollten über sie berichten, ich berichtete zuerst. Nochmal Aufruhr wollte der Dicke nicht. Unbedingt ausreisen lassen. Dann war ein Zettel an meiner Tür, aber in Catrins Wohnung stand nur noch Edith, die gab mir Catrins Plattenspieler, den hatte sie nicht mitnehmen können, hatte sowieso schon einen ganzen Schrankkoffer dabei, alles neue Klamotten, hatte ihr Edith für den Westen gekauft. Edith heulte, Catrin war weg, es hatte geklappt. Dann kam Thomas an die Reihe, ging auch ganz schnell, dann Jutta. Raus, so viele als möglich. Alles Klassengegner, meckerte der Dicke, da hat man nun geschuftet. Eben, sagte ich. Da schluckte er. Auf dieses Zeichen hin setzten sich Hunderte in Bewegung und flohen in die Hotels Schweiz, Bundesrepublik und England, und die Presse hatte wieder was, und der Dicke schluckte. Das war der Kessel, der flog, flog immer höher und stand leuchtend über der Stadt. 1984 verließen 40.000 die DDR. Das haben wir Ihrem Freund zu verdanken, sagte er. Nein, Ihnen, dachte ich, und der Schweiß unter meinen Achseln begann zu brennen. Da komme ich nie raus, dachte ich, das halte ich nie aus. Woran denken Sie, fragte er, an nichts, sagte ich. Einsamer nie als im August. Und nie mehr Angst als im September. Ich mach jetzt Urlaub, sagte Scholz und fuhr an die See.

Bereuen Sie nichts. Lassen Sie niemals Gefühle zu. Erinnern Sie sich nicht. Sagen Sie niemals die Wahrheit. Vergessen Sie schnell. Dann kam der Wagen, hinter meinem Rücken, im Bahnhof, rumpelte eine S-Bahn, sie zischte und hielt. Am Steuer saß Falk, der Oberstleutnant mit Koffer. Wir fuhren los. Im Auto duckte ich mich nicht, das habe er Fritz schon oft gesagt, wir wären zu leichtsinnig, der Gegner könnte das Haus observieren. Drinnen war's kühl, mein Glas war beschlagen. „Es tut mir leid, Ihre Zeit zu stehlen, ich brauchte nur einen Hinweis", sagte ich. Er starrte mich an, mir trat der Schweiß auf die Stirn. Ich ging pissen und ließ mir Wasser über den Puls laufen. „Ich habe etwas sehr Ernstes mit Ihnen zu besprechen", sagte Falk, es war das Aus. Einmal hatte es kommen müssen, ich war aufgeflogen, vielleicht war irgendwer doch nicht so dumm. Wahrscheinlich würden sie mich nun sonstwohin stecken, nicht mal mehr Besuch von drüben. Schade um das Telefon. „Wir haben über Ihren Fall lange beraten", sagte Falk, „tja, eine ernste Sache." Ich ging zur Bar, nahm mir Zigaretten und Scotch und schlich zum Sofa zurück. „Hajkal ist uns durch die Lappen gegangen..." Das war es, ich trank. „Dadurch ist uns sehr großer Schaden entstanden. Aber durch Sie haben wir hervorragende Erkenntnisse gewinnen können. Ich treffe mich heute mit Ihnen, um Ihnen zu sagen, daß Sie im letzten Jahr sehr gute Arbeit geleistet haben. Trotzdem sind wir der Meinung, daß Ihr Feld in Berlin abgegrast ist. Es ist nur noch eine Frage der Zeit, wann Sie uns anbrennen.“ Meine Haut brannte. „Wir haben gemeinsam mit dem Chef über eine räumliche Veränderung für Sie nachgedacht. Sie können sich auf jedem Parkett bewegen. Haben Sie schon einmal über einen Umzug nachgedacht?“ Ich bebte, doch mein Gesicht blieb starr. Sie hatten meine Gedanken gelesen. Eine Falle. „Wir brauchen auch gute Leute beim Klassengegner.“ Er machte eine Pause. „Wollen Sie in den Westen?“

Für wie dumm haltet ihr mich? Da gehe ich nicht rüber, nicht über diese Brücke, da falle ich nicht rein, nicht in diese Grube. Da muß euch was Besseres einfallen. Das könnt ihr nicht machen mit mir, ich habe gelernt, von euch, ihr wart gute Lehrer, das Beste, was es für einen wie mich gab, ich hab's mir geholt. Wahrscheinlich ein Test. Ein Ton von mir, und ich komme nie raus. Ich trank. „Also, was ist nun?“ fragte er. „Solch eine Aktion geht natürlich nur mit Ihrer Zustimmung. Sie sind kein offizieller Mitarbeiter, und ich kann Ihnen keine Befehle erteilen. Wollen Sie?“ Ich schluckte. „Nein. Auf keinen Fall“, flüsterte ich. „Wie kommen Sie mir vor“, sagte ich. „Nananana“, sagte er. „Ich werde meine Heimat niemals verlassen“, zischte ich. „Ich habe mir hier etwas aufgebaut. Ich will nicht.“ Er atmete tief. „Ich kann Sie verstehen“. Die Wanzen in den Wändenübermittelten jenes sanfte Schaben, das entsteht, wenn sich zwei Vipern umwinden. „Natürlich bin ich mir bewußt, daß es ziemlich überraschend für Sie kommt. Das ist unser Dienst. Ich wünsche mir auch, mehr Zeit für meine Leute zu haben. Aber ich konnte Sie nicht vorbereiten. Mir würde sehr viel daran liegen, wenn Sie ja sagten. Meine Güte, eines Tages könnten Sie zurückkommen.“ Bloß nicht, dachte ich, der machte ernst. „Ich möchte nicht mit einem Mißerfolg in meine Abteilung zurückgehen müssen. Das würde auch auf Sie kein gutes Licht werfen.“ Verzweiflung, irgendwoher mußte ich Verzweiflung bekommen. Gott, ich mußte erfahren, was sie vorhatten. „Aber doch nicht gleich, doch nicht gleich, wann denn“, stammle ich. Er atmet auf. „Na also“, sagte er. „Trinken Sie noch ein Glas.“ Jetzt steht er und geht zur Bar. Er setzt sich, und der Torso eines Lächelns befällt für eine Sekunde die Stelle, wo andere Lippen haben. Jetzt öffnet er seinen dunklen Blazer. „Keine Sorge. Die Vorbereitung wird noch eine Menge Zeit kosten.

Kann ich mit Ihrem Ja rechnen?“ Ich blicke traurig zu Boden. „Wenn es sein muß“, flüstere ich, und meine Stimme bricht. Weiter, weiter, weiter, sagt Stanislawski, bald bist du raus, bleib drin, da hinten ist schon die Wolokolamsker Chaussee. „Gut“, sagte Falk und erhob sich. „Fritz wird alles Weitere mit Ihnen besprechen. Ich kann Sie nur bis zum Bahnhof bringen.“ Am Bahnhof wartete ich auf den Zug, der kam nicht, da breitete ich meine Flügel aus und stieg auf.

„Ich bin sehr enttäuscht von Ihnen“, sagte Scholz und blickte mich vorwurfsvoll an. Ich war in die Falle gegangen. „In den Westen wolln Sie?“ fragte er, nickte bedeutungsschwer und schaute mir in die Augen. Es war vorbei, alles vorbei. Sein Schweigen zischte durch den Raum wie eine Sense. Ich sackte zusammen. „Das hätte ich nicht von Ihnen gedacht“, flüsterte er. „Da komme ich aus dem Urlaub zurück und muß von meinem Chef erfahren, daß hinter meinem Rücken schon alles geregelt ist. Ich stehe da wie ein Idiot. Ich bin es, der mit Ihnen zusammenarbeitet. Ich habe Ihnen schon Dutzende Male gesagt, daß Sie mit mir über alles reden können. Unter uns, die Idee stammt von mir. Deswegen hätte ich sie gerne auf den Weg gebracht.“ Er war nach vorn, auf die Sofakante gerutscht, um nicht hinunterzufallen, bugsierte er sich wieder nach hinten und schnaufte dabei. Es war heiß. „Gut, wir müssen jetzt anfangen zu planen.“ Ich atmete auf. Immer, wenn seine Tasche aufging, wurde es ernst. Im Garten verstummten die Vögel. „Wir wollen Sie beim Gegner unterbringen. Hier gibt es kaum noch Neues für Sie. Ihr Gesicht wird zu bekannt. Das ist nicht gut. Wir müssen an Hajkal dranbleiben. Garantiert hat er Kontakte zum Gegner. Es ist nur logisch, wenn Sie zu ihm wollen. Alles andere würde stinken, nachdem was Sie erlebt haben.“ Der Mann hatte recht, wollte ich ihm nicht ausreden. „Wir fangen jetzt an, Ihre Aufgaben zu planen. Ich will Sie in einem halben Jahr spätestens drüben haben. Keine Angst, wir werden Sie nie im Stich lassen, so was gibt es bei uns nicht. Wir treffen uns weiter.“ Der Scotch war alle, es gab noch Wodka. Scholz schaute amüsiert, wie ich die Flasche leerte. „Was wird aus Anna?“ fragte ich. „Klar haben Sie bei einem solchen Unternehmen ein paar Wünsche frei. Eine Freundin im Westen ist gut für die Arbeit. Moralischer Halt. Einen Ausreiseantrag kann ich nicht durchgehen lassen. Das fiele auf. Heirat, das ginge. Bringen Sie ihr das irgendwie bei. Ich warne Sie, ein Wörtchen zuviel. Da müssen Sie wie ein Chirurg vorgehen, daß uns nichts anbrennt."

Catrin rief an, ich müsse kommen, wäre toll. Jörg rief an, schickte Karten aus Australien. „Laß uns gemeinsam am Strand stehen. Komm!" Scholz gab mir die Karte. „Wir sind schneller als die Post." Anna lag mir in den Ohren. „Wir müssen hier raus." Sie hatte einen Typen aufgegabelt, der sich die Ohren und die Fingernägel und den Schwanz nicht wusch. Ich war besoffen, sie war besoffen, immer, wenn er wieder rüberfuhr, soffen wir. „Ich ekle mich vor ihm", sagte sie und heulte. „Du bleibst am Ball", befahl ich. „Meinst du wirklich, das klappt?" fragte sie. Die Kerzen flackerten. „Wasch ihn und heirate!" – „Und wenn es nicht klappt?" fragte sie. „Dann läßt du dich scheiden. Beiß die Zähne zusammen." Sie gackerte. „Das würde ihm ganz schön wehtun." Wir brüllten. „Ab jetzt teilen Sie allen mit, daß Sie weggehen wollen", sagte Scholz. „Man muß schon auf Sie warten. Hier ist das Geld. Wir treffen uns am Nationaltheater. Diesmal habe ich eine Woche Zeit." Das Flugzeug durchstieß die Wolken. Wie immer wurde mir schlecht. Rechts unten lag der Hradschin. „Wie schön", sagte eine aus Hamburg. „Und wo kommen Sie her?" „Aus Ostberlin", sagte ich. „Da dürfen Sie in die Tschechei?" Das Flugzeug hüpfte auf dem Rollfeld. Dann ging es nach links. An der Flughafenbar traf ich Jirka. Dann mußte er zum Dienst. Ich trank fünf Becherovka, kaufte mir Zigaretten und verabredete mich mit dem Keeper für Mitternacht im „U petra voka". Unter dem weißen Hemd spielten seine Muskeln. „Midnight", riefen sie mir hinterher. Dann ging es nach links zu den Taxis, wie in einem Spionagefilm, ich dachte an Titten. Der Wagen rollte nach links auf die Autobahn. „Change money?" fragte der Fahrer. „No, life", antwortete ich. Dann kam Prag. Die Stadt im November:

Durch die Narodni donnerte die Tram, und die letzten Passanten rannten ihren Appartements entgegen. Sie trugen Mäntel und Taschen. Es war Abend und es goß in Strömen. „Ich brauch neue Schuhe", sagte ich ihm. „Hier ist erstmal das Geld." Dann rannten wir über die Straße. „Da drüben hat ein neues Café aufgemacht", sagte er. Es war trocken, und die Spots knallten auf Mamor und Chrom. „Durch Ihre Kontakte sind Sie beim Gegner bekannt. Im Westen leben Sie sich ein. Keine Aufträge. Nur diesen. Kontakte und nochmals Kontakte. Ihr Metier. Und hetzen Sie nicht zu doll über uns." Ich rauchte. „Wir denken an eine Möglichkeit. Von den Bulgaren haben wir eine Information bekommen. In Sofia sitzt ein Bundesbürger, dem man nichts beweisen kann. Allem Anschein nach hat er einen BND-Hintergrund. Ich könnte mit Ihnen eine Reise nach Bulgarien machen. Noch eine Woche richtig schön Urlaub, und dann lasse ich Sie über einen fingierten Vorfall verhaften. Dann werden Sie erst in denselben Trakt und vielleicht in die Zelle von ihm gelegt. Soll ihm schlecht gehen. Dann sorgen wir dafür, daß er vor Ihnen im Westen ankommt und bei seiner Dienststelle schon mal Ihr Eintreffen avisiert. Sie kommen vielleicht noch mal in die DDR oder gleich raus. Aber machen Sie sich keine Sorgen, das ist längst noch nicht spruchreif." Ich geriet in Panik. „Eine fabelhafte Idee", sagte ich. „Ab morgen üben wir die Treffmodalitäten für das Jahr danach. Wir werden uns die ersten Male in Prag sehen. Später, wenn alles läuft, kann ich auch nach Wien oder Zürich kommen. Als Handelsvertreter. Bis morgen." Er verschwand zwischen den Säulen des Theaters an der Moldau. Feliks löschte das Licht, aber das Licht fiel durch die Jalousie. Er zog sich aus und stand über dem Bett. Eine Hand nahm mir die Zigarette aus der Hand. Das Licht fiel auf seine Brust, auf die Möbel, auf das Klavier, auf das Grammophon. Dann zog er den Slip über seine Knie. Er schlug die Decke zurück und legte sich neben mich. Draußen wurde es hell. Er ging zum Grammophon, kam zum Bett zurück und lachte.

Wir übten um die Ecke zu gehen. Wir übten für das Jahr danach. Die verdeckte Kontaktaufnahme. „Ich glaube, für Ihre Briefe ist Juliane Bobrowski die beste Adresse. Sie werden in ständigem Kontakt zu ihr bleiben. Dann erwähnen Sie beiläufig und zwischen den Zeilen, daß Sie dann und dann wieder einmal nach Prag fahren. Wir lesen die Briefe von ihr." – „Und wenn sie auch ausreisen will?" fragte ich. „Erstens deutet nichts darauf hin, denn sie will immer noch in der DDR publizieren. Und außerdem kommt sie nicht eher raus, als bis wir eine neue Adresse haben. Wir müssen davon ausgehen, daß der Gegner Ihre Reisen überwacht, wenn Sie Kontakt zu ihm hatten. Aber auch so. Sie sind exponiert. Am ersten Tag treffen wir uns nicht. Ich weiß, wann Sie kommen, und nehme am übernächsten den Kontakt auf. Ist es ein ungerader Tag, dann beginnt die Route um elf am Café Slavia. Sie schlendern langsam über die Brücke, zum Park, zur Karlsbrücke, und wenn ich merke, daß Ihnen niemand folgt, spreche ich Sie an. Sie werden mich kaum bemerken und warten in jedem Falle darauf, von mir angesprochen zu werden. Wenn ich an Ihnen dran bin, kann ich kontrollieren, ob zwischen uns noch ein Dritter mitspielt. Nehme ich keinen Kontakt auf. Es kann auch sein, daß ich einmal einen Tag später komme, geht am nächsten, an einem geraden, die Route in der Parižka los. Am Ende ist das Hotel, wieder gehen Sie Punkt elf los, dann werden Sie gegen elf Uhr fünfzehn in der Hotelhalle ein Bier trinken, und dort beginne ich, Ihnen zu folgen. Sie gehen in den Park, vorbei an den Karussells, einmal um den großen Pavillon, und diese Routen üben wir jetzt, bis Sie sie buchstabieren können wie Ihren Namen. Also, ungerade?“ Ich antwortete. „Gerade? Wo sind Sie zirka gegen Mittag? Was machen Sie, wenn ich nicht komme?“ – „Ich breche ab und fange am nächsten Tag wieder an. Wenn Sie nach drei Tagen nicht gekommen sind, ist der Treff geplatzt und jemand übergibt mir in Westberlin eine Nachricht, die ich vernichte.“ Nach drei Tagen durch die Straßen, durch den Stadtplan, über das Zifferblatt, durch die Hypophyse, durch Feliks’ Bett saß es. Scholz war zufrieden, und an meinen Eiern begann es zu jucken. Über dem Prager Flughafen lag Nebel. Radek rief an: „Wenn ein Flugzeug geht, bekommst du den ersten Platz.“ Ich fuhr hinaus, stieg in die Jak-40. Es war Nacht, wir drehten noch eine Runde über Prag, es war ein gerader Tag, unten lag der Wenzel und vor mir Berlin. Ich hatte Angst.

Edith weinte, wollte ihre Tochter sehen, ihr ein paar Kleider kaufen. „Was will Sie. Erst will sie raus, dann wieder rein. Aber nicht mit uns“, sagte der Normanne. „Sie haben mich nach meinem Weihnachtswunsch gefragt, das ist er.“ Scholz schüttelte den Kopf. „Kommt uns nicht in die Tüte.“ „Ihre Mutter ist krank vor Sehnsucht. Was kann sie für ihre Tochter. Denken Sie einmal an Ihren eigenen…“ – „Ich will sehen, was sich machen läßt.“ Ein paar Scheine landeten bei mir. Die Quittung, das Glas, gutes Jahr, gutes Geld, guter Feind, guter Freund. Es wurde Frühling, Catrin bekam ein Visum. Wir gingen durch die

Charlottenstraße, und sie erzählte vom Westen. In ihrer Jacke klaffte ein Riß. „Soll ich ihn dir noch nähen?“ fragte Edith. „Das trägt man dort so“, zischte Catrin. Dann platzte die erste Knospe, man hörte es bis zum Reichstag. Am Abend saßen wir allein. Einmal gab ich eine Party, es war spät, Catrin hockte auf dem Teppich und griff nach einer Schellackplatte. „Sind die schwer“, sagte sie. „Und lassen sich gar nicht biegen.“ Knack, machte es und Catrin bekam vor Schreck nasse Augen. Ging sie an ihre Tasche und kam wieder mit Geschenkpapier. „Ist zwar nicht das Original, dafür alles von ihr. Wann kommst du endlich?“ – „Schade, daß du nicht konntest“, sagte sie, das war beim großen Schnee, letzten Februar, sechs Jahre später. „Wir wollten doch rodeln.“ Ich brachte die Gläser in die Küche und Catrin zur Friedrichstraße. Von rechts nach links lief die Leuchtschrift: ND +++ Übermorgen regnet's schon +++ Das hätte ich ihr gern noch gesagt und noch mehr. Da lief ich nach Hause. Immer nach links.

Die Bulgaren kamen nach Berlin und konnten Scholz nicht genügend Garantien geben. Er blies es ab. Er probierte noch dieses und jenes. Es ging auf den Sommer. Wir planten und wurden ungeduldig. Hajkal fragte und Catrin fragte und Anna kaufte Sekt in rauhen Mengen. Sie heiratete ihr Ticket. „Meinst du, das klappt?“ fragte sie. „Zähne zusammenbeißen.“ Zu keinem ein Wörtchen, so ging es nun schon seit Monaten. Anna sagte: „Du bleibst jetzt bei mir.“ Und legte eine Matratze in ihr Wohnzimmer. Anna hatte zwei Typen kennengelernt. Sie erzählten mir, daß sie sich vom Dach in den Garten der Ständigen Vertretung abseilen würden. Der Stille von beiden riß Anna das Kleid auf und schmiß sie auf den Teppich Als ich nach Hause kam, weinte sie. „Das haben wir gleich“, sagte ich, „halt ja deine Klappe.“ Sie ging in die Küche und ich wählte 55 978 53. „Können wir uns gleich einmal treffen? Ich habe noch einen Bericht.“

Jutta war rausgekommen, weil sie ihren Garten verkaufte. „Bringen Sie Ihrer Freundin bei, daß sie ja keine krummen Sachen mit ihrer Wohnung mehr macht. Die brauchen wir.“ In der Finowstraße stieg ich in einen Wagen, Scholz saß vorn, ein anderer nahm Annas Schlüssel und machte Abdrücke. Die Schlüssel waren fertig, und ich ging wieder mit einem anderen in Annas Wohnung, dort fotografierte er alles, alles Polaroid, mit Blitz aus der Aktentasche, fragte der, ob man die Gardinen nicht kurz zuziehen könne wegen Blitz. Ein neuer Nachbar zog ein, und die Wohnung wollten sie haben für einen von ihnen oder den Feind. Es ging auf Sommer. Alle drängelten, „nun können Sie nicht mehr warten", sagte Scholz. „Machen wir es eben mit einem Antrag. Der muß so scharf sein, daß ich sofort benachrichtigt werde. Dann geht er zur Kreisdienststelle, dort steht im Computer bei Ihrem Namen meine Nummer. Legen Sie los!" Der Antrag war ihm zu literarisch. „Versteht keiner." Schrieb ich einen neuen. „Mit dem verhaften sie Sie gleich, und ich muß Sie rausboxen." Schrieb ich einen dritten, und der gefiel ihm. Ich gab ihn ab und rief Hajkal an. „Drück mir die Daumen." Dann kam Tilmann jede Woche. „Wann kommst du raus?" fragte er. „Ich hab einen Rundfunksender gegründet und brauch einen Chefredakteur." Da sagte ich ihm: „Ich kann nicht mehr, ich bin bei der Stasi und weiß nicht, ob die mich noch rauslassen." Ich mußte pissen. Er wurde weiß im Gesicht. „Ich fahr rüber", sagte er plötzlich. „Wenn du nicht wiederkommst, verrate mich nicht." Er verschwand und war wieder da. „Ich bin dein Freund. Meinst du, du schaffst es, kann ich irgendwas tun." – „Nur warten, wie ich." Wir liefen die Karl-Marx-Allee entlang. „Meinst du, die halten ihr Versprechen?" Ich zündete mir eine Zigarette an. „Ich weiß es nicht", sagte ich. An einer Bude gab's Wurst. Eine Alte fütterte ihren Hund. Eine Junge fütterte ihn auch. Die anderen aßen selbst. Niemand reagierte auf den Antrag. Scholz sagte: „Ich will Sie raushaben, bevor ich Urlaub mache. Muß ich eben sagen, daß ich von Ihrem Antrag über eine Quelle erfuhr. Sofort raus mit dem, darauf haben wir lange warten müssen." Plötzlich ging's. Kam einer vom Rat, sagte: „Wann können Sie vorbeikommen?" Ich ging hin. „Pro forma muß ich Sie fragen, was ich tun kann, um Sie zum Bleiben zu bewegen. Ich hab auch mit Hajkal damals gesprochen." Scholz sagte: „Wenn er das anspricht, legen Sie los. Sie müssen jetzt Dampf machen. Ich will in Urlaub." Ich machte Dampf. „Darauf sind Sie noch stolz. Das werden Sie selbst noch erleben." Der Raum hatte von innen keine Klinke, nach außen Gitter und war schallisoliert. Ich ging nach Hause. Nächste Woche kamen sie wieder. „Bleiben Sie in Berlin. Mehr können wir Ihnen nicht sagen.“ Eine dicke Blondierte warf mir ein Visum über den Tisch. „Reiseziel?“, fragte ich. „Ist mir doch egal, wo Sie hinwollen“, sagte die und gab mir den Laufzettel. Dreißig Stunden für sechzig Banken, Wasserwirtschaft und BEWAG. „Das haben wir gleich“, sagte Anna und gab Gas. Bei der BEWAG war's voll, die Leute standen Schlange, ich ging vor. Anna sagte: „Der muß bis morgen den Stempel haben, um rauszukommen.“ Da lachten alle, einer sagte: „Dafür trag ich Sie bis zur Mauer.“ Dann gaben wir ab, sagte die Blonde: „Na, also, kann ich's beim Nächsten noch schneller verlangen.“ Ich ging nach Hause und räumte die Bude. Am nächsten Mittag sagte sie: „Achtzig Mark, Bearbeitungsgebühren.“ Ich bekam ein Visum für Friedrichstraße und eine Ausbürgerungsurkunde, darauf stand: „Staatenlos“. Sie warf die Papiere über den Tisch. „Und noch eins. Bis Mitternacht draußen sein, wenn nicht, verfällt das Visum. Vor einer Abschiedsfeier möchte ich warnen. Das sehen wir nicht gern.“ Ich musterte sie von Kopf bis Fuß. Von blond bis Stiefel. Unser Modell Buchenwald.

Unten war die Straße schief. Unten pißten die Hunde, pißten die Menschen. Unten war ich schon nicht mehr da, unten die Stadt, wenn du rauskannst, ist es immer schön, darum ist es am Rhein so schön, Hitze schlug mir entgegen, es staubte, an der Ecke hupte kein Auto, es war Sommer '85, in meinem Café glotzten alle, als wär ich schon tot.

Da war das Bett, da hatte Jörg geschlafen, da hat sich Viktor, ach Viktor, ausgezogen, da hatten sie mich gerufen, als mein Großvater tot war, da hatte meine Mutter mir ihre Zigarette auf die Brust gedrückt, da hatte Anna gesagt, sie sei schwanger, da hatte ich Dirk erzählt, ich bin bei der Stasi, am Ofen, ja da, hat er's nicht hören gewollt, da hat Viktor auf dem Teppich gelegen, und weil wir es schon zum viertenmal machten, bekam er Nasenbluten und merkte es nicht, und ich leckte ihn ab, ach Viktor, noch einmal, nur ein einziges Mal in der Nacht, denn ich lieb dich, „ jetzt komm aber. Komm schon“, sagte Anna. Und ich schloß ab.

Ich schleppte die Koffer ins Auto. „Hoffentlich geht nichts schief“, sagte Anna. Es war eine Falle. An der Grenze holten sie mich ab. Es ging nach Waldheim, nach Hoheneck, nach Bautzen. Sie rissen mich in Stücke, für jede Festung ein Fetzen.

Anna sagte: „Du mußt noch baden." Sie bügelte ein Hemd. „Hat Viktor angerufen?" Anna schlug sich an die Stirn. „Er hat alles versucht und kam nicht weg." Dann aßen wir. Weiter nach links ging es nicht mehr. So wurde es dunkel. Wir fuhren zur Grenze.

Am Nachmittag war ich in einen Wagen gestiegen. „Also am 18. November in Prag." Dann sagten wir gar nichts, und ich hatte Angst. „Nur eins für den Fall, der Arm des MfS endet nicht am Brandenburger Tor", sagte er. „Ich habe kein gutes Gefühl, Sie gehen zu lassen." Es war eine Falle. Mal sehn, wie weit sie mich gehen ließen. Wenigstens tun, als ob. „Was ich Ihnen auch verspreche", sagte ich, „ist egal. Die Zukunft wird Ihnen meine Zuverlässigkeit beweisen. Haben Sie Vertrauen." Er stellte die Schreibmaschine auf den Rücksitz. „Ich bitte Sie noch um Viktor", sagte ich. „Darüber können wir in Prag reden. Wie alt ist er jetzt?" fragte der Mann. „Siebzehn."

Davor war es, Wochen davor in einer Bar. Da hab ich gesagt, daß ich dich liebe. So gut es geht, unter diesen Umständen, schon ganz krumm und blau. Dann kamst du noch einmal nach Berlin, wir fuhren in eine Seitenstraße. Du stiegst aus, denn du mußtest weiter. Die Linden blühten. Alles duftete, selbst die Steine. Du trugst ein weißes Hemd und wußtest, daß ich bald nicht mehr da bin. Dann gingst du los und kamst noch einmal zurück, kamst ganz nah ran, so wie früher, am Bahnhof in Potsdam, im dünnen Hemd, im Schnee, und Potsdams Leuchten hinkte. Du sagtest noch, laß mich nicht im Stich. Wenn ich auf dir lag, hast du die Augen verdreht. Wenn du kamst, hast du gelacht. Du hast dich losgerissen. Bevor du um die Ecke gingst, rief ich, machs gut. Das Letzte, was ich sah, war dein Haar. Eine handbreit Haar über einem Autodach.

# 5

# Nicht hinauslehnen

Man mußte ein paar Stufen hinuntergehen, vorbei an den Soldaten.
Warten Sie hier, sagte einer.
An der Decke flackerten die Röhren.
Folgen Sie mir, sagte ein anderer und schloß den Vorhang.
Es war heiß.
Gestern hatte eine vierzigtausend dabei, sagte er.
Da kommt eine schon raus und dann vierzigtausend.
Er legte seine Mütze neben den Koffer.
Draußen knallte eine Tür.
Am Ende der Straße stand das Hotel.
In einem Fenster ging das Licht aus.
Ich blickte zur Uhr.
Der Zeiger sprang mit lautem Knacken auf Mitternacht.
Dann fuhr der Zug an und verließ die Halle.
Er fuhr über die Brücke.
Rechts lag die Spree, dunkel und still.
Ein nackter Mann stand auf dem Balkon.
Er schaute auf die Gleise hinunter.
Der Mann ging in das Zimmer zurück und schloß die Gardine.
Dann kam der Todesstreifen.
DER ZUG FUHR NUN SCHNELLER.

# 6

# The Year after

Tilmann brachte Champagner, zwei Gläser und Zigaretten. In der Ecke neben den Schallplatten neben den Zeitungen neben dem Schreibtisch vor dem Fenster, unter dem die Autos rauschten, stand das Saxophon. „Und nun zur Sache." Da schlug er ein paar Bücher auf, war ja Jurist. „Denunziationspflicht gibt es bei uns nicht. Trotzdem hab ich entschieden was gegen deinen Job. Strafrechtlich bis du ab Grenzübertritt belangbar." Ich wollt mich unter Bäumen schlafen legen und kein Soldat mehr sein, ich sagte: Schluß, und wollt mich schlafen legen, und Tilmann wollte spazierengehen. Dann ging es den Ku'damm rauf und runter mit Seitenstraßen, wie eine Fischgräte, ich dachte, es wär riesig, es war heiß und bunt, und wir mußten uns an offenen Autos vorbeidrängeln. Ich wollte umkippen, da standen wir vor dem „New York", er bestellte Cocktails, sagte Prost und auf die Zukunft und „Hier hab ich mit Jörg gesessen, gleich danach." Stimmte, der war wieder da, denn die Mauer lag links. So ging das weiter, bis in den Morgen. Wir standen in einer Bar und hörten Chet Baker, ringsum Spiegel. Da sah ich mich und erschrak. Ich sah aus wie 'ne Leiche. Mittags ging Tilmann Brötchen holen. Die schmeckten furchtbar.

Ich hatte die Schlüssel für eine Wohnung, er lieh sich ein Auto und fuhr mich hin. Spät ging er, in der Küche stand eine Flasche Dimple. Dann probierte ich, ob der Videorecorderkaputtzukriegen wäre. „Just a Gigolo", so'n Zufall aber auch. „When the end comes I know, they say: Just a Gigolo. And life goes on without me." Gegenüber flackerte eine Leuchtreklame. „Ist was für dich", hatte Tilmann gesagt, „ein Knabenbordell." Dann schrecklich gelacht. Ich stand am Fenster und rauchte und trank und hatte die Taste zum Zurückspulen gefunden. „... without me", drüben leuchtete die Puffreklame. Klickklack. Und ich dachte, was die da wohl machen, und traute mich wieder nicht rüber.

„Hatten Sie jemals Kontakt zum Staatssicherheitsdienst?" fragte der Mann von der CIA, fragte der Franzose. Ich sagte: „Nein." Dann fragte der Mann von der CIA, ob ich seine Hilfe gebrauchen könne. Ich wollte einen Ausweis, um zu Jörg zu kommen. Er schickte mich aus dem Büro und telefonierte und rief mich wieder rein. „Bei der Polizei wissen die Bescheid. Sonderregelung für Sie." Dann gab er den Befehl, daß ich überall vorn rankönnte. Notaufnahmeverfahren, war alles voll. Eine Frau ging mit mir Treppen rauf und runter, Tür zu, Tür auf. Da stand eine Schlange mit Ossis, die waren nicht weiß, die waren gelb und kamen grad aus dem Knast. „Hinten ist das Ende", sagte einer. „Das überlassen Sie mal mir", sagte die Frau. Da wurde er wütend. „Ich dachte, das wäre zu Ende." – „Das fängt hier erst an", sagte die. Gerhard war aus Spanien zurück, zeigte Fotos. Vulkane. Ich sah nur Schlacke. Und ließ ihn nicht rüber.

Jörg stand am Flughafen und sagte: „Toll!" Der sah auch nach Bilderbuch aus. Lange Haare, enge Hosen, alles Westen. Am Abend ging es durch Kneipen, da kam das Bier schnell, und wir gingen nach Hause. Er machte Wein auf. Dann hab ich's ihm erzählt. Er redete weiter über Fotos. Er ging aus dem Zimmer. Dann kam er wieder rein. „Hör auf mit dem Quatsch", brüllte er. „Ist gar kein Quatsch", sagte ich. Ging er wieder raus. Dann trank er Mineralwasser, weil ihm heiß war. „Ich glaube es nicht. Werd ich nie glauben", sagte er. „Wo sind die Scheißzigaretten?", brüllte er. „Du Sau, laß uns ins Bett gehen." Er ging raus, holte die Zigaretten. Dann legte er seinen Kopf auf meine Brust, es war dunkel. „Ganz schön fett", sagte ich. „Komm mal her", sagte er.

Jörg latschte den ganzen Tag mit Jeans und Frack rum, durch die Fabrikhalle, an der Decke hingen Scheinwerfer und Kameras, sah alles nach Technik aus, Models kamen und gingen. In der alten Heizung spielte eine Band, „wird wenigstens heiß", rief er von hinten, vom Ende der Halle. Dann machte er wieder so'n ekliges Foto von mir, das kam auch gleich raus, wie 'ne Scheibe abgepackter Schmelzkäse. Er kicherte. Dann schalteten wir den Fernseher an. Da hingen die Leute in Trauben an der Fassade, und der Minister sagte, daß sie alle rauskönnten. Die Menschen schrien. Vier Jahre später. „Mensch", sagte er. „Lieber würde ich sterben, als noch mal zurück." Da lebten wir, er und ich. Die DDR starb. Nächsten Tag kam René, der mußte auch nach Berlin zurück, war mit Jörg zusammen in der Botschaft gewesen. Wir gingen zum Auto. „Fette Beute steigt da ein", sagte Jörg und klatschte sich auf die Schenkel. Anfang Oktober 1989 in Köln. „Bis nach dem Zusammenbruch", rief ich ihm zu. „Was'n, schon morgen", sagte er. Wir fuhren los. Da rasten alle auf der Transitstrecke. Wir überholten mit hundertsechzig die VP. Die VP tat gar nichts. „Dann steht es schlecht um sie“, sagte René. Dann kam Berlin.

Ich ging die Mamortreppen hinauf, zu Goldsteins Kanzlei. Er kniete auf dem Boden und sortierte Graphiken. „Ein herrliches Blatt“, sagte Goldstein. Er übernahm keine Fälle mehr, um sich seinen Sammlungen widmen zu können. „Begreifen Sie sich als Spion oder als Autor?“ fragte Goldstein. „Schauen Sie mal, ein Macke. Herrlich.“ Goldstein ächzte, strich sich die Hosen glatt und ließ sich in einen Fauteuil fallen. „Eher als Autor“. – „Dann haben Sie keine Zeit für einen Nebenjob“, sagte er. „Künstler. Ich werde sehen, was ich tun kann. Hatte ich noch nie so was. Rufen Sie mich Freitag mittag an. Nicht später.“ Goldstein verschwand zwischen den Blättern.

„Tut mir leid“, sagte er. „Kein Bedarf an Spionen.“ – „Bitte?“ – „Unglaublich“, sagte Goldstein. Er hatte fünf Telefonate geführt. Im ersten Büro war grade Mittagspause. Im zweiten sagte man, er solle im ersten anrufen. Ein anderes Amt war nicht zuständig. Beim Staatsschutz war man im Urlaub. „Vielleicht sollten Sie weitermachen“, riet Goldstein. „Eigentlich ein Skandal. Sprechen Sie mal mit Bild.“ Er hatte das Interesse verloren und ging zu den Bildern zurück.

Tilmann kochte Kaffee. Ich suchte Charlie Parker. Am nächsten Tag fuhr ich nach Marienfelde. „Also doch. Habe ich gleich gedacht“, sagte der Mann von der CIA. Er rief einen Wagen, und das Tor der Clay-Kaserne öffnete sich. „Haben Sie Leidenschaften?“ fragte Schwarz. Er ging zum Fenster und schloß die Gardinen. „Frauen? Nein? Spielen? Pferde? Rauschgift? Nein? Kleine Mädchen? Nein? Mäännner…?“ Ich nickte. „Sie wissen“, sagte Schwarz, „daß Sie sich strafbar machen, wenn sie vorgeben, beim MfS gewesen zu sein.“ Draußen schlug eine Tür. „Sie sind also homosexuell?“ fragte er. Also war ich homosexuell. Dann ging er raus, und als er reinkam, stank es nach Whisky. „Wir wissen sehr genau, daß im Osten keine Homosexuellen genommen werden. Also lügen Sie nicht.“ Dann ging er raus, und als er reinkam, ging ich raus.

Der Redakteur empfing mich in der Halle. „Sehr angenehm, kommen Sie.“ Der Lift quetschte uns unter das Dach. Ein Club, Ledersessel und Messing und der Blick auf die Leipziger Straße. Ich schaute auf das Porträt. „Ja, ein großer Verlust“, sagte er. „Ein großer Verlust.“ Er fragte und notierte. Nein, ich hatte keine Beweise und war ihm zu jung. „Nichts?“ fragte er enttäuscht. „Keine Dokumente? Keinen speziellen Fotoapparat? Irgendwas Spezielles, was Eingebautes?“ Auf der anderen Seite stand Kant am Fenster. Der haßte den Klassenfeind. Das sah man bis hier. Da hatte der Redakteur, hatte der keine Zeit mehr. Er warf mich in den Liftschacht. Auf der Kochstraße war ich zerbeult. Kein Mensch da unten. Nicht mal ‘ne Frau mit ‘nem Hund.

Du sollst nicht knien, du sollst dich nicht beugen, nicht ducken. Du sollst aufrecht gehen und stolz, als freier Mensch, zu stolzen Menschen. Ich rief Frank an, und er telefonierte mit Freunden aus dem Club. Die sagten: „Um Gotteswillen“, die sagten, „er soll den Mund halten darüber, wir haben Ärger mit Tiedge genug. Unglaublich.“ Ich flog nach Münster, er holte mich am Flughafen ab, fuhr mit mir durch den Wald in sein Appartement. „Nachher kommen sie, da geh ich weg.“ Sie kamen und notierten und fragten, zwei Männer, BKA Meckenheim. „Darüber sollten Sie schweigen“, sagten die, und „Sie hören von uns.“ Dann kam Horst aus Berlin und sagte: „Wohn doch bei mir.“ Der hatte seinen Eltern gesagt, er sei schwul, sie hatten ihn rausgeschmissen, da zog er nach Berlin, es gab kein Geld, weil seine Alten zu viel verdienten. „Klagen Sie gegen Ihre Eltern“, sagte das Amt. Wollte Horst nicht, hatte nichts zu fressen, da ging er strichen. Abends kam er nach Hause. „Gott, war das anstrengend“, sagte er und zog sich aus und kroch zu mir ins Bett. „Mach mal Diät“, sagte Horst. Er kochte Reis und Blumenkohl, nachts bewachte er mich und den Kühlschrank. „Heute wird Viktor achtzehn“, sagte ich ihm. „Nun kann er seinen Antrag stellen.“ Erst wollte Horst mir noch zeigen, wie man sich schminkt. Dann kam Frau Hubschmidt ins Bad, einundachtzig Jahre, sagte: „Wie schön Sie das machen, ich hab noch Goulasch für Sie und den Freund.“ Dann ging Horst butlern, mußte nicht mehr auf den Strich, ging zu Bruno, der war fast hundert, launisch, sonst nett. Der war mal im KZ, da hatte Frau Leander zu Herrn Dr. Goebbels gesagt, ohne Bruno nix Film, Goebbels rief an, und Bruno kam raus. Da schrieb er doch glatt: „Ich weiß, es wird einmal ein Wunder geschehn, und dann werden tausend Märchen wahr.“ Am Abend kam Horst nach Hause, mit Geld und Futter, für mich gab's nur Reis. Horst war still und sagte: „So geht das nicht weiter. Hast du Scholz' Nummer noch?" Catrin kam auch, ich hatte Angst. Horst legte seine Arme um mich, und Catrin hielt meine Hand, rief ich doch an. Da wußte ich, daß sie Viktor geholt hatten, in Rostock. „Zu dem wollen Sie, dieser Klassenfeind." Viktor, da warst du grad achtzehn. „Naja", sagte Horst, „kann ich verstehen, mach mal 'ne Pause, aber dann muß es sein." Er gab mir 'ne Pulle, dann ging es. 55 978 53, da wollte mich keiner mehr kennen, brüllte ich doch: „Ein bißchen fix, aber dalli!" Dann Knacken und Stille. Ich sagte: „Scholz?" Da rührte sich nichts, doch er war da, alles still. „Los jetzt", zischte Horst, „sonst gibt's gar nichts zu essen." Mußte ja sein. „Laßt die Pfoten von Viktor", rief ich hinein. Still das Ende. Ozeanisches Rauschen. „Laßt ihn in Ruhe, sonst kracht's", sagte ich, es machte knack. Horst goß nach, sagte traurig: „Muß ja toll sein, dein Viktor." Am anderen Tag zog mir Dr. Schmidt alle Zähne und setzte die Brücke ein. Alles für Viktor. Horst war so traurig, ging putzen.

Jeden Tag fuhr ich nach Tempelhof, die Amis hatten den alten Adler aufgehoben. Der stand vor dem Eingang zum Flughafen. Ich ging rein, da standen die immer vom BKA. Frage, Antwort, Frage, Antwort, Frage, Antwort, Mittagspause. Viktor, wo bist du? Frage, Antwort, welcher Tag war, weiß ich nicht mehr. Ich weiß nichts. Ich kann mich an gar nichts erinnern. Ich bin's nicht, Speer ist es gewesen. Ich weiß nichts. Frage, Antwort. Dann gab es Kaffee. „Nächste Woche geht's weiter." Dann fragten sie Tilmann, dann Catrin, dann Frank, dann wieder Catrin, dann K., der war nun beim Senat und sagte, er hab mich einmal getroffen, nicht öfter. Die anderen kannten mich noch. Dann wieder Catrin, dann wieder Tilmann. Ich wollte Viktor in Prag sehn, da sagten die: „Fahren Sie nicht hin, sonst kommen Sie nicht wieder raus." Dann wieder Jörg, der mußte es wissen. Rief er mich an, aus Köln. „Wenn's dir schlecht geht, muß dir doch schlecht gehn, pack deine Koffer, komm her, wir finden schon was für dich." Wir konnten alle kaum noch krauchen. Frage, Antwort. „Was wird nun aus mir?" fragte ich noch. Er blätterte in den Akten, jede Seite ein Tag, so verging die Zeit, es wurde Winter und Frühling und Sommer, auf dem neuen Kalender stand '86. Dann sagten sie: „Schluß.

Jetzt müssen Sie warten.“ Auf meinem Schreibtisch ein Brief, Ermittlungsverfahren eröffnet. Das habe ich so gewollt, da habe ich, schon ganz schlapp, für gekämpft. Ich habe nicht auf euch gewartet, hätte ich lange warten können, noch ganze fünf Jahre. Bleibt mir vom Halse. Wir Menschen, wir Mörder.

Catrin steckte sich was in den Slip. „Hoffentlich klappt's.“ Dann fuhr sie rüber, nach Lichtenberg und weiter nach Rostock. Ohne Visum. „Ist mir doch egal“, sagte sie. „Viktor braucht Geld“, sagte ich. Frank sagte: „Hab ich genug“, und fuhr nach Rostock. Frage, Antwort, immer nach Hause, immer Frage und Antwort, dann nach Hause, in die Xantener Straße und erstmal ein Bad. Parkett und Fliesen, nichts drin, eine Tasse, ein Teller. „Ich hab noch eine Matratze im Keller“, sagte Horst. Die schleppten wir über den Ku'damm, die Leute guckten so komisch, außerdem gab es Wind, die Matte wurde zum Segel. Horst hielt sie fest, und ich heulte. Dann legten wir sie in die Badewanne in meinem leeren Palast, schrubbten mit Bürsten. „Bis sie trocken ist, schläfst du bei mir“, sagte Horst. Frage und Antwort, und wieder nach Hause. Naja, dachte ich, komme ich eben in den Knast. „Aber muß warten, bis Viktor da ist.“ Da grinsten die. „Den werden Sie schon noch sehn, so schlimm kommt's nicht mit Ihnen.“ Frage und Antwort und nachts lag ich da, die Matte war breit, ich brauchte nur eine Hälfte, links war es leer. Dabei waren alle so schön, lange Haare, enge Hosen, alles im Westen. In der Uhlandstraße stand Reuven und sagte: „Hallo, komm doch mit hoch.“ Da hab ich Reuven alles erzählt, ich kannte ihn fünf Minuten. Er sagte, gib mir mal die Adresse, das wäre ja noch schöner. Er war aus Krefeld gekommen, seit fünf Monaten erst in Berlin. Riesige Wohnung, alles Parkett, alles Stuck. Reuven traute sich nicht in den Park. Hab ich zu ihm gesagt, wäre ja noch schöner, so ganz ohne Sex geht das nicht, der war auch fünfundzwanzig und hatte erst einmal. „Es ist eine Sünde“, sagte Reuven. „Du hast eine Macke“, sagte ich ihm. „Du bist der Teufel“, sagte Reuven. „Fahren wir heute abend wieder zum Park?“ Da verschwand er in den Büschen, über den Bäumen leuchtete der Engel, oben auf der Säule. Es knackte und knirschte, im Park, Sommer '86, alle fuhren nach Rostock, Reuven und Frank und Catrin, und Viktor ging es beschissen. Dann gab ich ein Interview. Bild am Sonntag, die haben die Hälfte erfunden. Erst kam ein Fotograf, der rief an: „Beeilen Sie sich, ich steh in der zweiten Spur." Ich rannte runter, ins Auto. Er fragte, ob er mit mir vorm Tor, gleich beim Reichstag, da stellte ich mich hin: „Achtung, Sie verlassen Westberlin." Und auf der Mauer stand: „Wie denn?" Er knipste und knipste. Dann sagte er: „Das wäre was, wenn jetzt ein Schuß fiele und Sie lägen da. Hätt ich das Foto des Jahres."

Fünf Monate ohne Geld. Ich hatte nichts mehr zu essen und sagte kein Wort, Reuven fraß wie ein Loch, ich sagte kein Wort, die Zigaretten lagen auf dem Tisch, ich sagte kein Wort, Geza soff Wein, ich sagte kein Wort, alle lachten, es war Sommer, alle bestellten, alle rauchten, alle aßen, ich sagte kein Wort, da platzte Reuven der Kragen: „Wenn du nichts sagst, kriegst du auch nichts. Mach endlich dein Maul auf." Ich hab ihn zur Hölle gewünscht, da ging er nachts schon alleine zum Park und kratzte die anderen. Im Arbeitsamt hatten sie meine Akte verlegt, wieder kein Geld. Ich hatte noch dreißig Pfennig. Ich ging in die Telefonzelle, rechts über mir ging das Haus in den Himmel von Steglitz, da sah ich die Leute da draußen, helle Kleider, ihre weißen Schuhe, ihr Lachen, die waren so schön, ich rief ihn an, und er sagte Hallo, und ich wollte was sagen. „Soll ich dich holen", fragte er. „Ich schaffs auch allein", sagte ich. „Komm sofort her", sagte Reuven. Da hatte er den Tisch auf den Balkon getragen, neben die Palmen, ein weißes Tuch raufgelegt, und das Silber, sein bestes Porzellan, und der Kaffee dampfte, es war grade Mittag, ich aß mich mal satt. Reuven stapelte Schinken und Käse und Lachs und Brot auf den Tisch, sagte: „Iß weiter", und fütterte mich, Woche für Woche. Er hat mich am Leben gehalten. In Israel war es Gott, der ihn am Leben erhielt. Die Raketen trafen die andern. Grüß dich von hier aus noch mal. In deinem Exil, in meinem von damals, in jedem Exil und auf jeder Flucht. Geb euch dies Leben zu essen und Freunde, ein Haus in der Fremde. Euch schütze Gott. Immer war Sommer.

Die hatten alle viel Geld, alle Häuser und Autos und Fabriken, das Verhör war zu Ende. „Jetzt müssen Sie warten", sagte der vom BKA und: „Ich wünsch Ihnen und Ihrem Viktor alles Gute. Leider kann ich nichts für den tun. Ich schreib Ihnen das beste Gutachten. 'Ne ganz schöne Scheiße das alles. Ob das jemals endet?“ Manchmal sah ich Anna, die kam ‘nen Monat später, auf den Tag genau, um sich scheiden zu lassen. Dann sah ich sie nicht mehr. Und Gerhard hatte gesagt: „Stasi, ich will nicht, daß die Presse hier antanzt, verpiß dich.“ Dann schickte er mir eine Rechnung: dreißig Tage Essen, eine Flasche Dimple, eine Flasche Tokajer, Badbenutzung, ein Oberhemd, Benzingeld für die Wege. Der fuhr jede Woche zu seiner Mutter, die Mutti. In Rostock legten sie Viktor das Interview auf den Tisch, da sagte er, kenn ich schon, hatte ihm Frank mitgebracht. Im Wartezimmer rief mich die Frau: „Die Gräfin will Sie jetzt sprechen.“ Ich ging hinein, ein Berg roter Haare. „Schauen Sie sich um“, sagte die, „alle, alle wollen wen haben. Die Tochter, die Mutter, den Bruder, den Mann. Für Schwule gibt’s da kaum eine Chance. Ich krieg nicht mal Eheleute raus. Machen Sie selbst weiter, viel Hoffnung gibt’s nicht.“ Unten rauschten die Autos. Briefe: an Weizsäcker, an Jenninger, an Schily, an Kant, an das ZK, an Vogel. Der schrieb zurück: „Kann ich nur im Falle echtester Familienzusammenführung etwas machen. Tut mir leid. Viel Glück. Wolfgang Vogel.“ – „Enge Freunde“, sagte ich. „Wie eng? Ich nehme an, sehr eng“, sagte Schily. „Mal sehn, was sich machen läßt.“ Briefe, Catrin fuhr hin und Frank. Frank fuhr nach Hause. „Gar keine Frage“, sagten sie zu Hause. Ärzte in Holland unterschrieben den Brief, schickten ihn los. In Amerika schrieben sie Briefe. In Deutschland nicht. Und die Sonne schien so hell, draußen saßen die Menschen und tranken Wein und Kaffee, und die Bäume dufteten, und die Menschen dufteten auch.

Briefe und Briefe. Das Ermittlungsverfahren, draußen war es hell, ich hatte Angst, um ihn, um mich, um den Postboten, Mitleid mit jedem Stein, so was hab ich noch nicht gekannt. Ich dachte, die Fassade da drüben, auf der anderen Straßenseite, über dem Zeitungsgeschäft, mit der muß man doch Mitleid haben, die ganze Welt fühlt was, auch das Trottoir, der Zaun, die Autos, die Steine, alle fühl’n was. Muß man doch Mitleid haben. Wenn ich überlebe, dachte ich auf der Straße, inmitten der Häuser, inmitten der Menschen, inmitten des Todes, schreibe ich’s auf. Irgendwann, wenn ich das überlebe. Bob kam jeden Abend und nahm mich mit. „Jürgen und ich trinken den nicht.“ Die bekamen andauernd Whisky geschenkt, den trank ich aus. „Hope for you“, sagte Bob jeden Morgen um fünf, dann ging ich nach Hause. In der TU war alles voll. Alle so schön, tranken Sekt, auf allen Treppen und Gängen, Reuven stand auch wo rum, guckte sich um, war alles da, die lachten, dann gab's Wiener Walzer und sie tanzten zwischen den leeren Plastikbechern und drehten sich und drehten sich, einer kam auch zu mir: „Na, so allein. Kommst du noch mit zu mir?“ Ich schüttelte den Kopf, die konnte man kaum noch zählen, das Fest kaum ertragen, auf der Bühne sang Nina, livehaftig und mit rosa Teddy, New York New York, die waren alle so schön, lange Haare, enge Hosen, alles Westen, alles zu, überall Plastik. Draußen wurde es hell, die Sonne stand halb überm First, ich nahm ein Taxi, dann die Matratze, der Schreibtisch, war schon sechs, ich wollte nach Rostock schreiben, dann ging's nicht mehr, ich fing an zu schreien, die haben dich immer wieder geholt, die Stasi, ich knallte auf den Tisch.

Ich lag auf dem Parkett und dachte, wie komm ich zur Klinik, dann dachte ich, auch ein Glas Wasser wär gut und kroch zur Küche. Dann kam der Gerichtsvollzieher und wollte Geld für Gerhard, die wollten immer Geld; wenn ich nicht mehr mit ihnen fickte, waren die sauer und schrieben 'ne Rechnung. Der sah sich um, war nichts drin. Dann flog mein Kopf auseinander, das Parkett kam mir entgegen und ich dachte, wo sind meine Schuhe. Dann klingelte es, hier ist Bob, da schrie ich, komm hoch, da fand er die Schuhe, zog sie mir an, zog mich hinaus, laufen ist gut, schneller, noch schneller, schrie Bob, gegen den Wind, schneller, schrie Bob, noch fünf Minuten, schrie Bob, laufen, laufen, laufen, schrie Bob, gegen den Wind, noch drei Minuten, dann hast du es geschafft. Dann konnte ich wieder sehen, war alles noch dran, war alles zurück. „Passiert dir das öfter?“ fragte Bob. „Paß auf“, sagte er, „mein Bruder hatte das auch mal.“ Dann mußte er arbeiten, und ich ging nach Hause. Drin war es dunkel.

„Werter Herr Sinakowski, Sie werden verstehen, daß ich Ihnen auf offiziellem Wege nicht antworten kann. Nur soviel, daß Sie wissen, wir haben Ihre Schreiben den zuständigen Organen weitergeleitet, mit der Empfehlung, Ihrem Wunsche zu entsprechen. Viele Grüße, U.F.“ Das war Ulrich Franz, anständig, handschriftlich, Abteilung Kultur beim ZK. Dann kam Post von

Vogel. „Es wird sich nunmehr und in aller Kürze eine positive Regelung für Sie ergeben." Benjamin sagte, oben im Haus, der hat mir Bouletten gemacht: „Hört sich ja an, wie ein Viehtransport." Viktor kam. Ich stand auf dem Bahnhof Zoo. Er hatte einen Teddy unter dem Arm.

Am Mittag war der Brief eingetroffen: „Ermittlungsverfahren eingestellt." Alles an einem Tag, wie immer, der liegt noch wo rum. Wir fuhren nach Hause, oben guckten Benjamin und Uli aus dem Fenster und winkten. Stevie hatte die Fahne über den Tisch gelegt, Stars and Stripes. Ich fragte, wo sie die her hatte, so groß und so schön. Die war Amerikanerin, ihr Mann war GI, der war bei einem Unfall in Berlin gestorben. Da sagte Stevie, das legen die immer auf den Sarg, nun lag sie unter Sekt und Salat. Alle riefen Hallo. Nachts ging's ins Bett, hatte ich noch gekauft, für Viktor und mich. Da drehte er sich zur Seite. Dachte ich, naja, der ist fertig. Gute Nacht. Erste Nacht.

Das ging sechs Wochen, zwischendurch fünfzig Gäste, wurde ich sechsundzwanzig, im November, wenn's draußen naß ist. Dann wollte er nach Zypern fahren, zu Nikos, den hat er im Osten kennengelernt, geliebt. „Mensch, mach die Augen auf", sagte Reuven. Als ich sie aufmachte, war Viktor schon weg. Sylvester gab mir Benjamin ein Glas und Deborah sagte, es wird alles noch gut, und ich sagte, Prost!, und Bomben auf Larnaka. Da waren sie böse und sagten, du bist geschmacklos. Er ist doch so jung, nun laß ihn, nun hab dich nicht so, der kommt wieder, der ist doch so jung, die taten alle, als wäre ich hundert. Dann ging ich nach unten, draußen war draußen, da hat's noch gekracht, einer schrie: 1987, dann schlief ich ein. Dann kam Viktor zurück und sagte, ich liebe ihn, aber leben, leben will ich mit dir. Ich sprang über den Tisch, Viktor war schneller, auf dem Balkon stand noch 'ne Pulle. „Warum hast du das nicht früher gesagt?" fragte ich ihn. „Ich wollte raus", sagte Viktor. „Ich hatte Angst, daß du dich nicht mehr um mich kümmerst." Dann fragte ich: „Warum hast du mir das nicht am ersten Tag im Westen gesagt?" Er fraß Chips, ich trank Whisky. „Bei dir war es besser als im Lager." Ich ging aus dem Zimmer, ins Bett, er ging ins Feldbett.

Links saß eine Frau, die wurde gerufen. Rechts saß ein Mann, der wurde gerufen. Drüben saß eine Frau mit 'nem Kind, die sagte: „Ich komm grade aus Bautzen“, die wurden gerufen. Ein Mann im weißen Kittel ging umher. Alle wurden gerufen, der Nächste bitte, die Nächste bitte, die milde Stimme aus dem Lautsprecher, weiße Kittel, der wurde gerufen, jeder hatte eine Nummer, wir waren alle längst in Listen eingetragen, da waren wir alle schon Scheiße, alle wurden gerufen, jeden und jede rief man, der Lautsprecher, aus dem kam die Stimme und rief uns, der Kittel ging vorbei, der schöne Arzt sah uns ringsum, die sahen nach unten, als ob dort Geld liegt, alles still, alles zu, alles leere Stühle. Der Kittel ging vorbei, bleiben Sie ruhig, Herr Sinakowski, ganz ruhig, wir waren alle in Listen…

An der Kreuzung hupen die Leute, denn es geht nicht mehr weiter. An der Kreuzung hören sie auf zu hupen, denn nun geht es weiter. Für Sekunden, das genügt denen schon. Neben dem Müll stehen die Häuser, alles angelehnt und Himmel darüber, flatternd und flüchtig wie Wäsche über der Straße. Schöner Tag, sagt Salomea, auf der Bank, in der Sonne, März ‘91, der Krieg ist vorbei und der nächste beginnt. Warum hast du das alles gemacht? Ich hab den Tod gewollt. Du hast die Falschen getroffen. Das weiß ich heute. Diese Verzweiflung, diese Gleichgültigkeit. Wie fremd es mir ist, wie fremd ist dem Leben der Tod. Weißt du, sag ich, wenn einer nichts fühlt, schlägt er auf Fleisch wie auf Holz.

„Nehmen Sie bitte Platz“, sagte der Arzt. „Ziehen Sie sich bitte aus.“, sagte der Arzt. „Leicht unterernährter Status“, sagte der Arzt. „Was fehlt Ihnen denn?“ sagte der Arzt. „Sie können nicht sprechen, aha“, sagte der Arzt. „Ich war fünf Jahre in Bautzen“, sagte der Arzt. „Ziehen Sie sich an“, sagte der Arzt. „Ich kann Ihnen helfen“, sagte der Arzt. „Ich kann Ihnen helfen“, sagte der Arzt. „Ich kann Ihnen helfen“, sagte der Arzt. Dann sagte er: „Machen Sie den Arm frei.“ Eine Kanüle schwebte vor meinen Augen. Er stach mir in den Arm. „Jetzt wird es gleich heiß“, sagte der Arzt. „Das macht Sie ruhig“, sagte der Arzt. Mein Arm wurde schwer, meine Beine so schwer. „Gleich werden Sie ruhig“, sagte der Arzt. Alles war leicht. „Gleich haben Sie keine Angst mehr“, sagte der Arzt. Er zog die Kanüle aus meinem Arm. „Jetzt ziehen wir uns an und gehen nach Hause.“ Das kam von ganz weit. Alles ganz weit und weich und sanft. „Der Knaben Augen sind wie goldner

Regen in ihren Händen glüht die Schale Wein ich will mich unter Bäume schlafen legen und kein Soldat mehr sein." Der Arzt schaut mich an. „Gleich werden Sie ruhig", sagte der Arzt. „Das Mittel wirkt schnell." Jetzt steh ich auf, nur mein Arm tut weh. Ich suche nach wem. Das Wartezimmer ist leer. „Jetzt ziehen wir uns alle an und gehn nach Hause", sagte der Arzt.

# Inhalt

Frank Goyke
Vorwort
5

Straße mit Passanten
11

Stützen der Gesellschaft
31

Das Halsband
65

Ein Killer, der nicht killt,
wird selbst gekillt
69

Nicht hinauslehnen
143

The Year After
147

Aus dieser Reihe sind bisher bei uns erschienen:

Jürgen Fuchs
„... Und wann kommt der Hammer?"
Psychologie, Opposition und Staatssicherheit

BasisDruck Zeitgeschichten
ISBN 3-86163-015-X

Irena Kukutz/Katja Havemann
Geschützte Quelle
Gespräche mit Monika H. alias Karin Lenz

BasisDruck Zeitgeschichten
ISBN 3-86163-005-2

Andreas Sinakowski
Das Verhör

BasisDruck Zeitgeschichten Nr. 3
ISBN 3-86163-018-4

Annette Leo
Briefe zwischen Kommen und Gehen

BasisDruck Zeitgeschichten Nr. 4
ISBN 3-86163-017-6